WIE VIEL REGENWALD PASST AUF DIESES BROT?

ERSTAUNLICHE GRAFIKEN ÜBER KLIMA UND UMWELT

TESSLOFF

VORWORT

Achtung, wir müssen euch warnen! Dieses Buch enthält viele Zahlen und Schaubilder. Aber lasst euch davon nicht abschrecken!

Unser Ziel war es, ein Buch über das riesige und superwichtige Thema »Klima und Umwelt« zu machen. Ein Thema, das uns schon umtreibt, seit wir so alt waren wie ihr heute. Es ärgert und wundert uns, dass in diesen vielen Jahren so wenig passiert ist, obwohl das mit dem Klima ja schon länger bekannt ist. Offenbar will eure Generation deshalb mehr Druck machen. Das können wir nur unterstützen!

Wir steuern in diesem Buch Zahlen und Fakten bei, von denen wir hoffen, dass ihr sie noch nicht kennt. Ob uns das gelungen ist, könnt nur ihr sagen. Wenn ihr wollt, schreibt uns doch an die E-Mail-Adresse wievielregenwaldpasstaufsbrot@tessloff.com, was ihr von dem Buch haltet. Das würde uns freuen.

Wie schon gesagt: Das Thema ist riesengroß. Also haben wir eine Auswahl getroffen. Dabei hatten wir keinen festen Plan, sondern wir haben ein Jahr lang alle Themen gesammelt, die uns durch den Kopf gingen oder die uns besonders bewegt oder aufgeregt haben.

Deshalb gibt es in diesem Buch auch keine Kapitel. Es ist mehr ein Buch zum Schauen und Blättern.

Wir wünschen euch dabei viel Spaß!

Euer Ole und euer Matthias

INHALTSVERZEICHNIS

WAS BRINGEN VERÄNDERUNGEN IM ALLTAG?

Umweltbewusste Taten im Vergleich

Die Ersparnis der Umweltbelastung ist angegeben in sogenannten Umweltbelastungspunkten (UBP) – in die die Klimawirkung, aber auch andere Umweltfolgen eingerechnet sind.

Quelle: Institut für Umwelt und Natürliche Ressourcen

18
1 Stunde rausgehen statt fernsehen

121
Wäsche statt bei 40 Grad bei 20 Grad waschen

296
Tasse Tee statt Tasse Kaffee trinken

6.969
T-Shirt secondhand kaufen statt neu

>2,9 Millionen
Familie überzeugen, nicht in die Ferien zu fliegen (und stattdessen zum Beispiel einen Radurlaub mit dem Zelt machen)

PFERDE-STÄRKEN UND KINDER-STÄRKEN

Die Muskelkraft von wie vielen Pferden und Kindern steckt in einem SUV?

Was bedeutet es, wenn ein Schulkind mit dem SUV zur Schule gefahren wird? Wie viel Energie wird da vergeudet? Gehen wir mal von einem SUV mit 340 PS aus, also der Kraft von etwa 340 Pferden. Ein durchschnittlich trainiertes Kind, das 30 Kilogramm wiegt, schafft etwa die Leistung von einem Zwölftel PS. Ein SUV hat also 12 mal 340 PS = 4.080 Kinderstärken. Und weil das Kind ja meist auch zu Fuß zur Schule gehen könnte, wird das 4.080-Fache an Energie verschwendet!

Quelle: Eigene Berechnungen

Quellen: Eigene Berechnungen/Leeds University

SO VIEL EIS SCHMILZT PRO MENSCH IN NUR EINER STUNDE

Die Erde hat seit 1994 rund 28.000.000.000.000 Tonnen Eis durch die Klimaerwärmung verloren. Wie viele Eiswürfel sind das durchschnittlich für jeden einzelnen Menschen – und zwar in jeder Stunde?

Gerechnet wurde mit einer Weltbevölkerung von 7,8 Milliarden Menschen und Eiswürfeln mit einer Kantenlänge von 3,5 Zentimetern.

INSEKTENSTERBEN

In welcher Gruppe sind die meisten Arten bedroht?

46 Prozent
der Hautflüglerarten
(dazu gehören zum Beispiel Bienen)

Angegeben ist jeweils der Prozentsatz der Tierarten innerhalb der Gruppen, die bedroht sind.

Viel ist die Rede vom Sterben der Bienen. Bienen sind sehr beliebt, vielleicht auch, weil sie Honig erzeugen. Aber neben den Bienen sterben auch viele weniger beliebte Insekten langsam aus, die sehr wichtig sind, damit sich zum Beispiel Pflanzen vermehren können. Gründe dafür gibt es viele: Auf den Feldern werden Gifte eingesetzt und die Insekten finden zu wenig Blüten, weil die Felder so viel Platz einnehmen. Jeder Mensch, der einen Garten hat, kann Insekten helfen: Er kann ein Insektenhotel bauen oder eine Wiese mit wilden Blumen wachsen lassen – das ist besser als ein Garten nur aus Rasen oder Kies.

37 Prozent
der Libellenarten

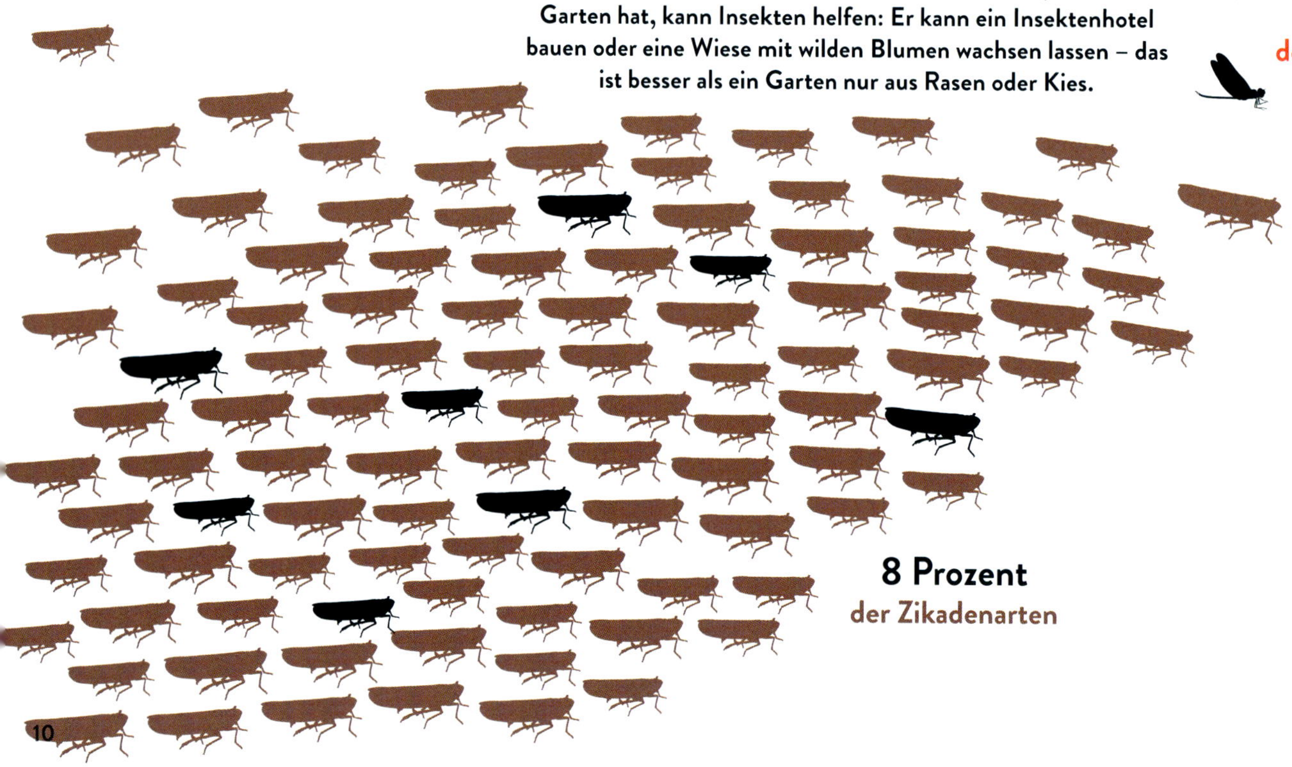

8 Prozent
der Zikadenarten

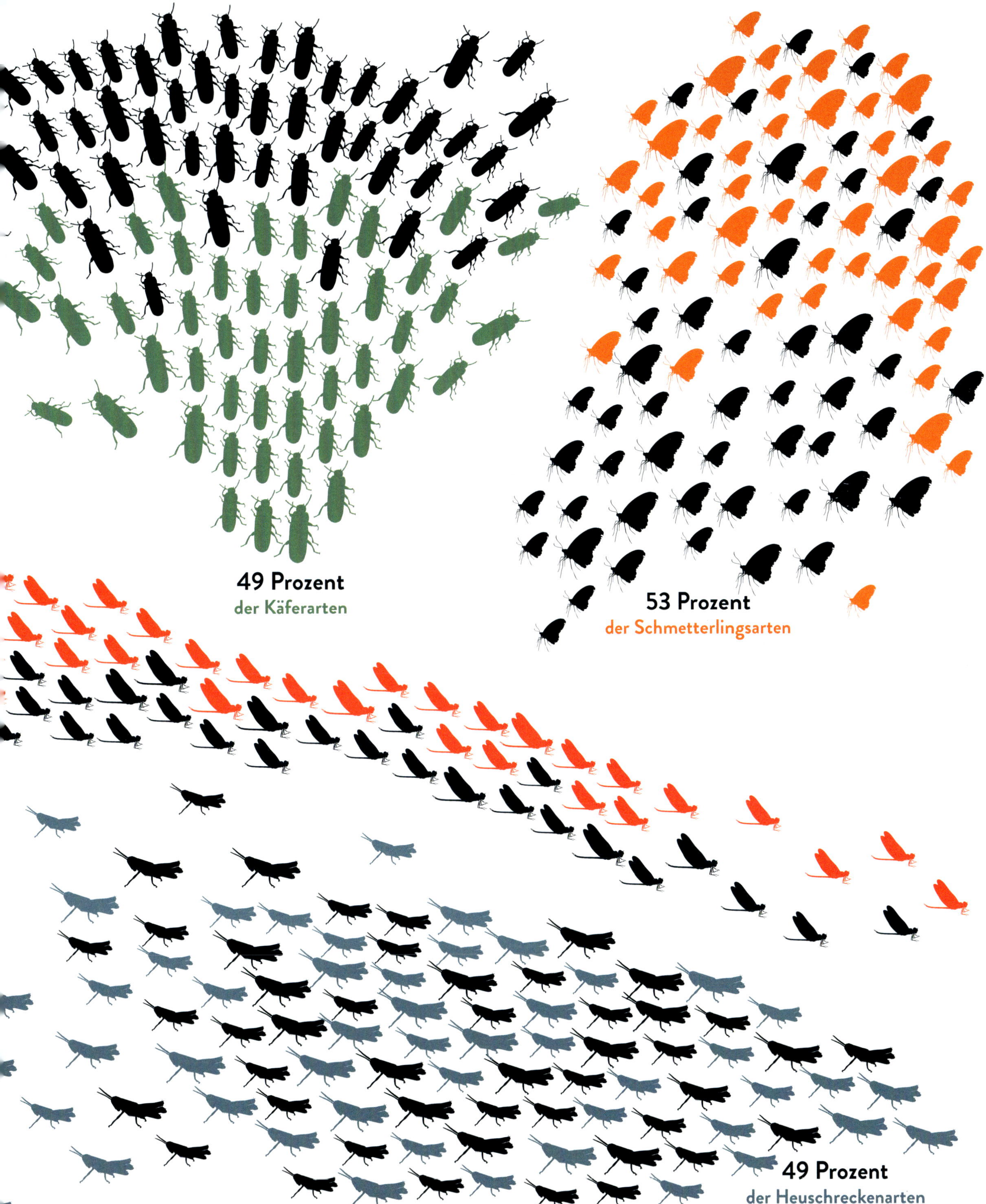

Quelle: Francisco Sánchez-Bayoa, Kris A.G. Wyckhuys: Worldwide decline of the entomofauna: A review of its drivers, 2019

WO STECKT DAS CO_2 IM SNEAKER?

Wir zeigen hier, welche Bestandteile eines Turnschuhs für wie viel Treibhausgas sorgen.

Insgesamt verursacht ein typisches Paar Sneakers einen Klimagasausstoß von etwa 14 Kilogramm CO_2-eq – etwa so viel, wie wenn eine alte 10-Watt-Lampe 10 Wochen lang brennen würde. Man rechnet dafür andere klimaschädliche Gase in die Menge CO_2 um, die die gleiche schlechte Wirkung fürs Klima hat. Das nennt man CO_2-Äquivalent oder kurz CO_2-eq.

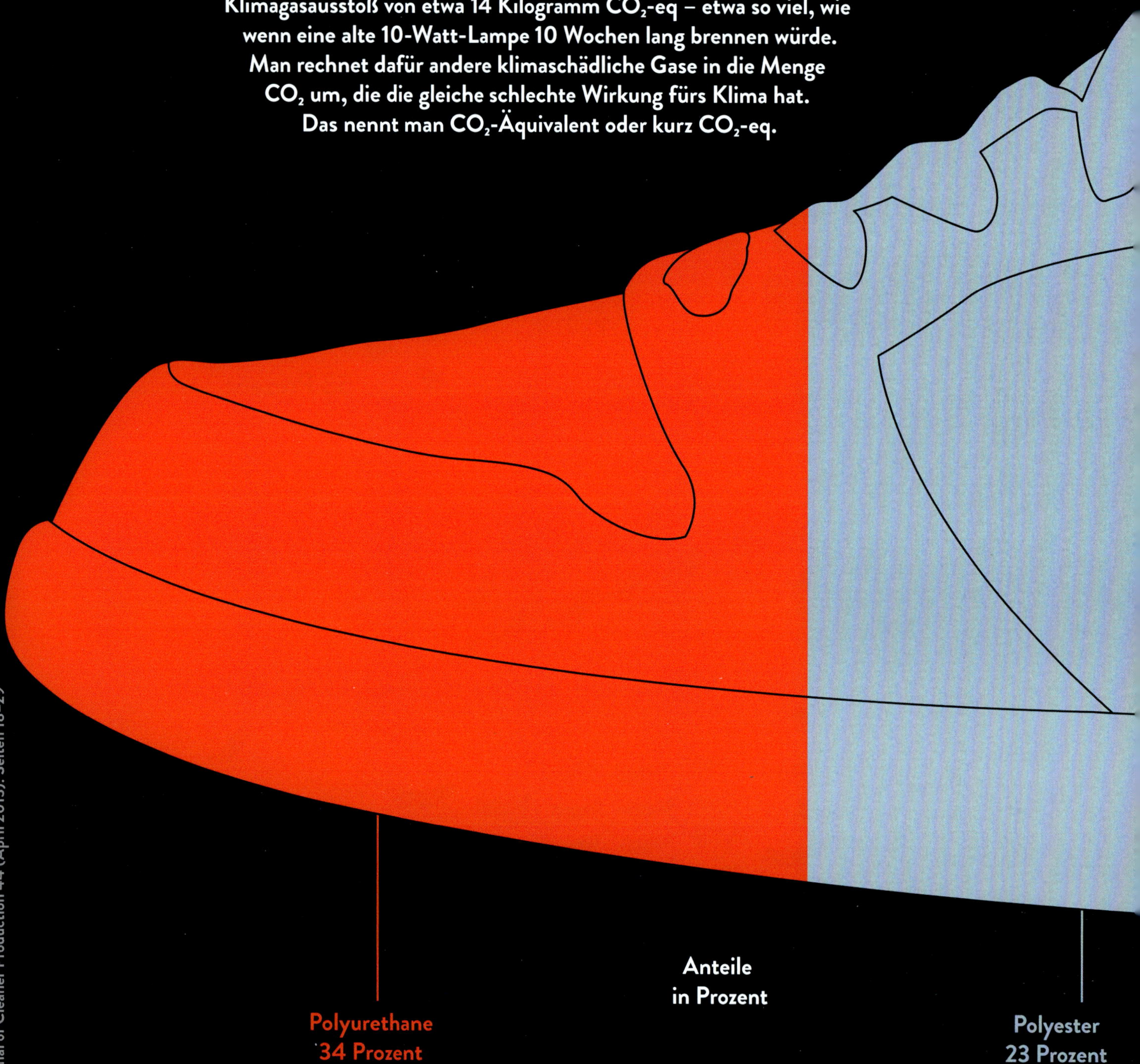

Quelle: Journal of Cleaner Production 44 (April 2013): Seiten 18–29

Natürlich werdet ihr diese ganzen Kunststoffe, die hier genannt sind, nicht kennen. Das müsst ihr nicht mal, wenn ihr im Fach Chemie Abitur machen solltet. Wir haben sie trotzdem mal alle aufgelistet, damit ihr ein Gefühl dafür habt, wie viele verschiedene Kunststoffe – die übrigens alle ihren Ursprung in Erdöl haben – in so einem Turnschuh stecken. Diese Sorten später noch mal auseinanderzukriegen und getrennt zu recyceln, ist fast unmöglich. Und: Jeder Kunststoff hat sein eigenes Potenzial, das Klima zu erwärmen. Gibt es Hoffnung? Ja, Turnschuhe aus weniger Kunststoff und mehr natürlichen Materialien oder wenigstens recyceltem Kunststoff. Da verändert sich gerade etwas – zum Glück.

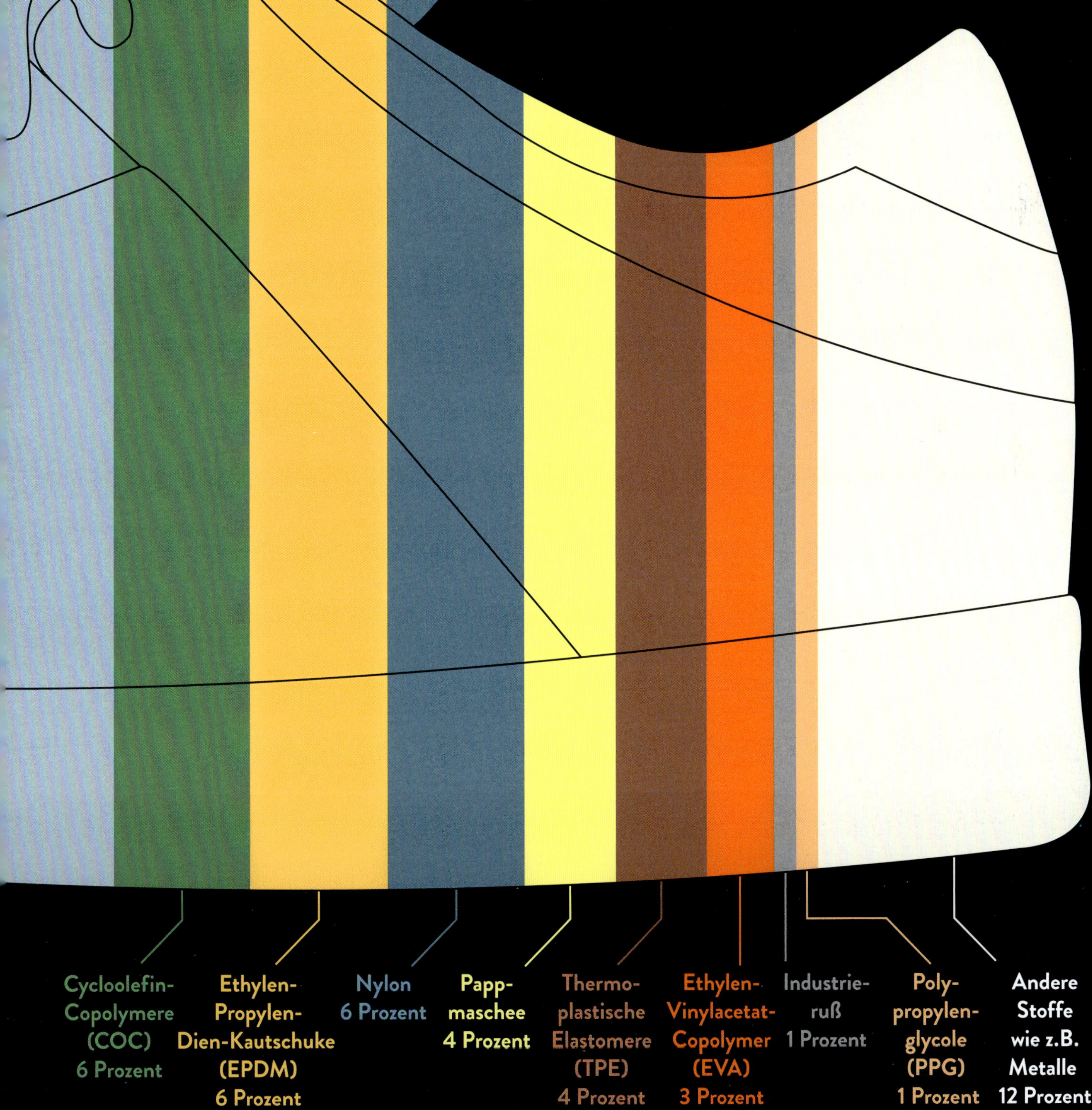

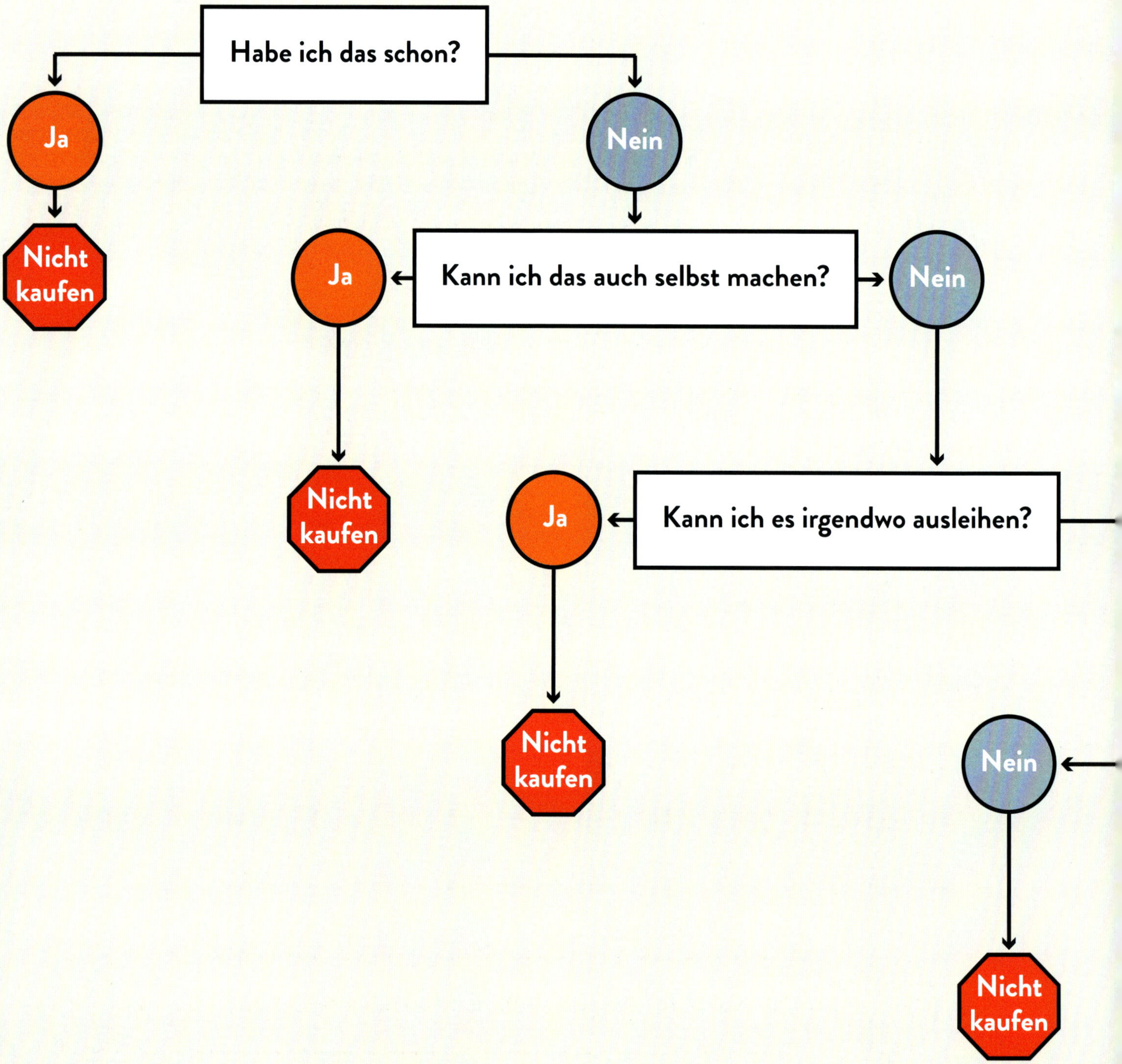
Habe ich das schon?
Ja
Nicht kaufen
Nein
Kann ich das auch selbst machen?
Ja
Nicht kaufen
Nein
Kann ich es irgendwo ausleihen?
Ja
Nicht kaufen
Nein
Nicht kaufen

ERST NACHDENKEN, DANN ZUR KASSE GEHEN

Bevor man sich etwas neu kauft, sollte man sich diese 5 Fragen stellen.

Es macht Spaß, neue Dinge zu kaufen von seinem Taschengeld oder vom Geburtstagsgeld, logisch! Aber oft kauft man Dinge, die man nicht kaufen müsste. Wenn man also im Laden steht oder wenn man im Onlineshop ist, ist es immer gut, sich diese Fragen zu stellen, bevor man zur Kasse geht. Es spart Geld und schont die Umwelt. Übrigens: Vieles, was man sich neu kauft, macht einen zwar kurz froh, aber oft liegt es schon nach ein paar Tagen nutzlos in der Ecke. Wenn dir das noch nie passiert ist, hast du einen Preis für intelligentes Einkaufen verdient!

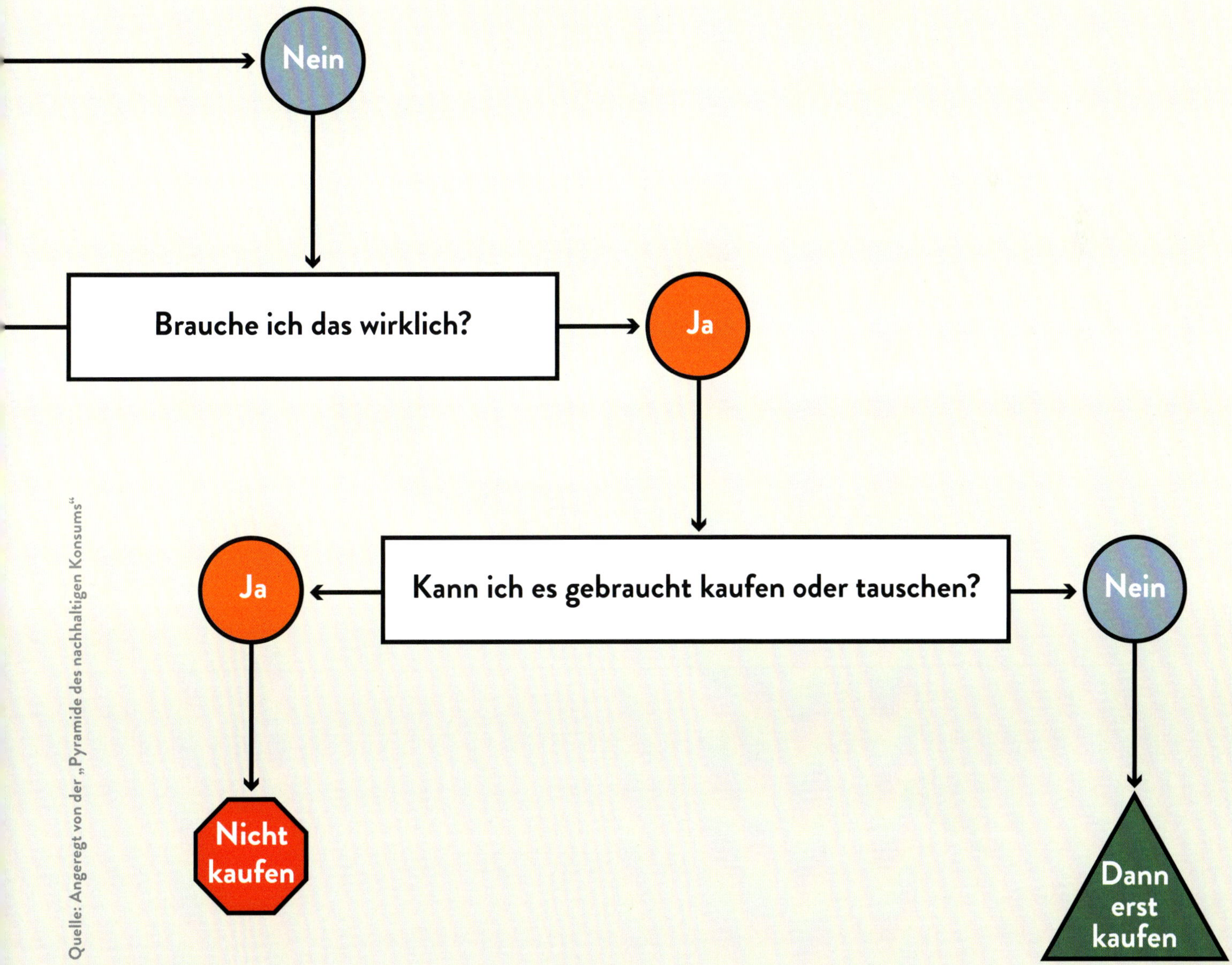

Quelle: Angeregt von der „Pyramide des nachhaltigen Konsums“

DAS ZWEITE LEBEN VON PLASTIKBAUSTEINEN

Was macht man am besten mit dem Spielzeug, mit dem man nicht mehr spielt?

Gar, gar nicht gut: im Kamin verbrennen

Gar, gar nicht gut: in den Wald werfen

Gar nicht gut: vor die Haustür stellen und hoffen, dass es jemand abholt

Nicht gut: in den Gelben Sack oder gar den Hausmüll werfen

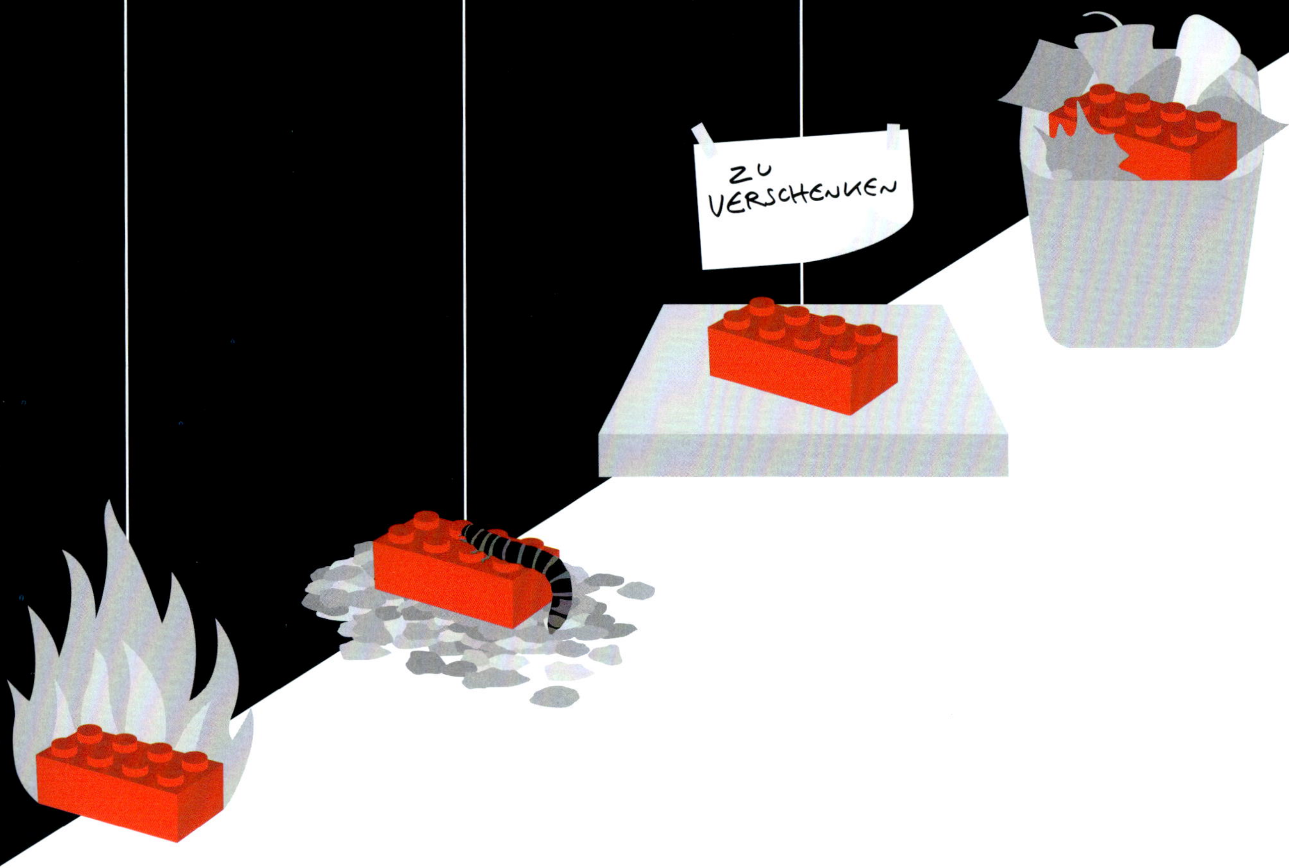

Quelle: Eigene Einstufung

Schon mal nicht dumm: im Internet verkaufen und im Paket versenden

Besser: in der Nachbarschaft oder auf dem Flohmarkt verkaufen – oder an Freunde verschenken

Noch besser, zwar nicht für die Umwelt, aber für die Gesamtheit: mit dem Fahrrad zu einem Sozialkaufhaus bringen

Und eine besonders gute Idee: aus den Bausteinen eine Rampe bauen, dank der Menschen im Rollstuhl besser über Bordsteine kommen (einfach mal den Begriff Legorampen googeln)

Wenn man Spielzeug nicht mehr benutzt – und auch die kleinen Geschwister nicht mehr –, gibt es viele Möglichkeiten. Wir haben die, die uns einfielen, mal bewertet – ohne dass es dazu Studien gibt. Warum haben wir übrigens das Vor-die-Haustür-Stellen mit einem Schild „zu verschenken“ so schlecht bewertet? Weil die Sachen von dort oft auf dem Bürgersteig landen und dann in der Regenrinne, bis sie irgendwann von der Straßenreinigung zusammengekehrt und entsorgt werden (bezahlt von der Allgemeinheit). Wer alte Dinge rausstellt, finden wir, ist nur zu faul, sich zu kümmern – und glaubt wahrscheinlich noch, er sei ein Wohltäter. Aber Dinge einfach rauszustellen, ist eine Form von Umweltverschmutzung – und oft sogar verboten!

IST PLÖTZLICH WIRKLICH ALLES BIO?

Wie hat sich der Anteil der Tiere, die in ökologischen Betrieben gehalten werden, in den letzten 10 Jahren verändert?

Anteil der landwirtschaftlichen Nutztiere, die in Deutschland in Biobetrieben lebten

Alle sprechen vom Öko-Boom. Für die Tiere galt dieser Boom nur eingeschränkt. Der Anteil der Biohühner und Biorinder ist deutlich gewachsen – aber immer noch auf geringem Niveau. Nur Ziegen leben zu einem großen Teil, nämlich zu rund einem Drittel, unter den für sie angenehmen Biobedingungen.

Tier in herkömmlicher Haltung

Tier in Biohaltung

2010: 1 Prozent — **Schweine** — **2020: 1 Prozent**

2010: 33 Prozent — **Ziegen** — **2020: 34 Prozent**

Quelle: Statistisches Bundesamt

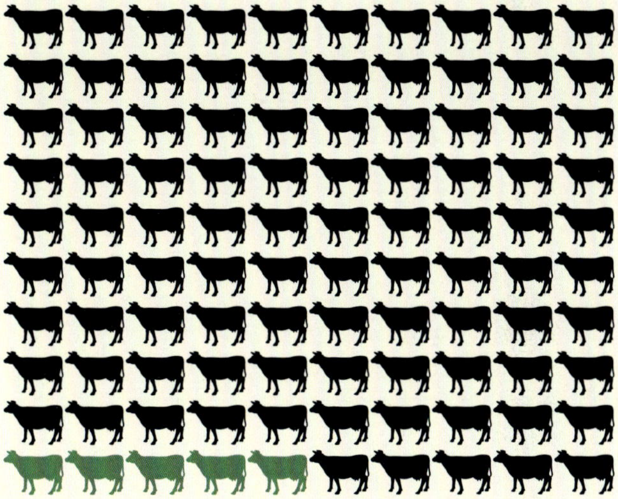

2010: 5 Prozent

Rinder

2020: 8 Prozent

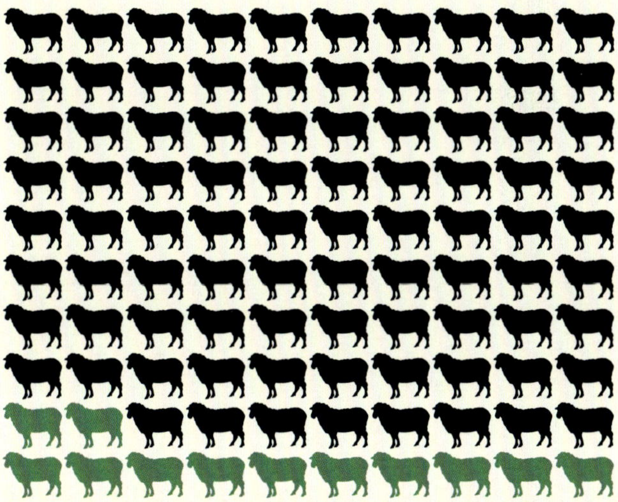

2010: 12 Prozent

Schafe

2020: 14 Prozent

2010: 3 Prozent

Geflügel

2020: 5 Prozent

WIE VIEL BIOMÜLL SCHAFFT ES IN DEN BIOMÜLL?

4,5 Millionen Tonnen

Nicht alles, was Bioabfall ist, kommt in Deutschland in die Biotonne. Wobei „nicht alles“ noch stark untertrieben ist.

Zahlen für das Jahr 2018 in Deutschland

Eigentlich wäre es total gut, wenn sämtlicher Biomüll, also Kartoffelschalen, Tomatenstrünke und die Endstücke von Zucchini, es in die Biotonne schaffen würden. Denn: Nur wenn sie dorthin gelangen, kann aus diesen wertvollen natürlichen Abfallstoffen Kompost werden oder Biogas, was gut für das Klima ist (für jeden Liter Biogas kann man sich Erdgas sparen, ihr versteht ...). Aber jetzt kommt das ABER: Aber das, was eigentlich gut ist, gelingt nicht immer. Zum Beispiel deshalb, weil es noch gar nicht überall die Biotonne gibt. Oder weil die Eltern die noch gar nicht bestellt haben. Oder – und nun müssen wir, die Autoren, zugeben, dass wir das leider auch oft machen – weil man kocht und schnibbelt und dann aus purer Faulheit den Bioabfall in den Restmülleimer wirft.

Quellen: UBA/Statistisches Bundesamt und NABU

BIOMÜLL, DER IM
RESTMÜLL LANDET:
6,0 Millionen Tonnen

WAS PRODUZIERT AM MEISTEN SCHÄDLICHE KLIMAGASE?

Wie teilt sich der Gasausstoß pro Kopf in Deutschland auf die verschiedenen Lebensbereiche auf?

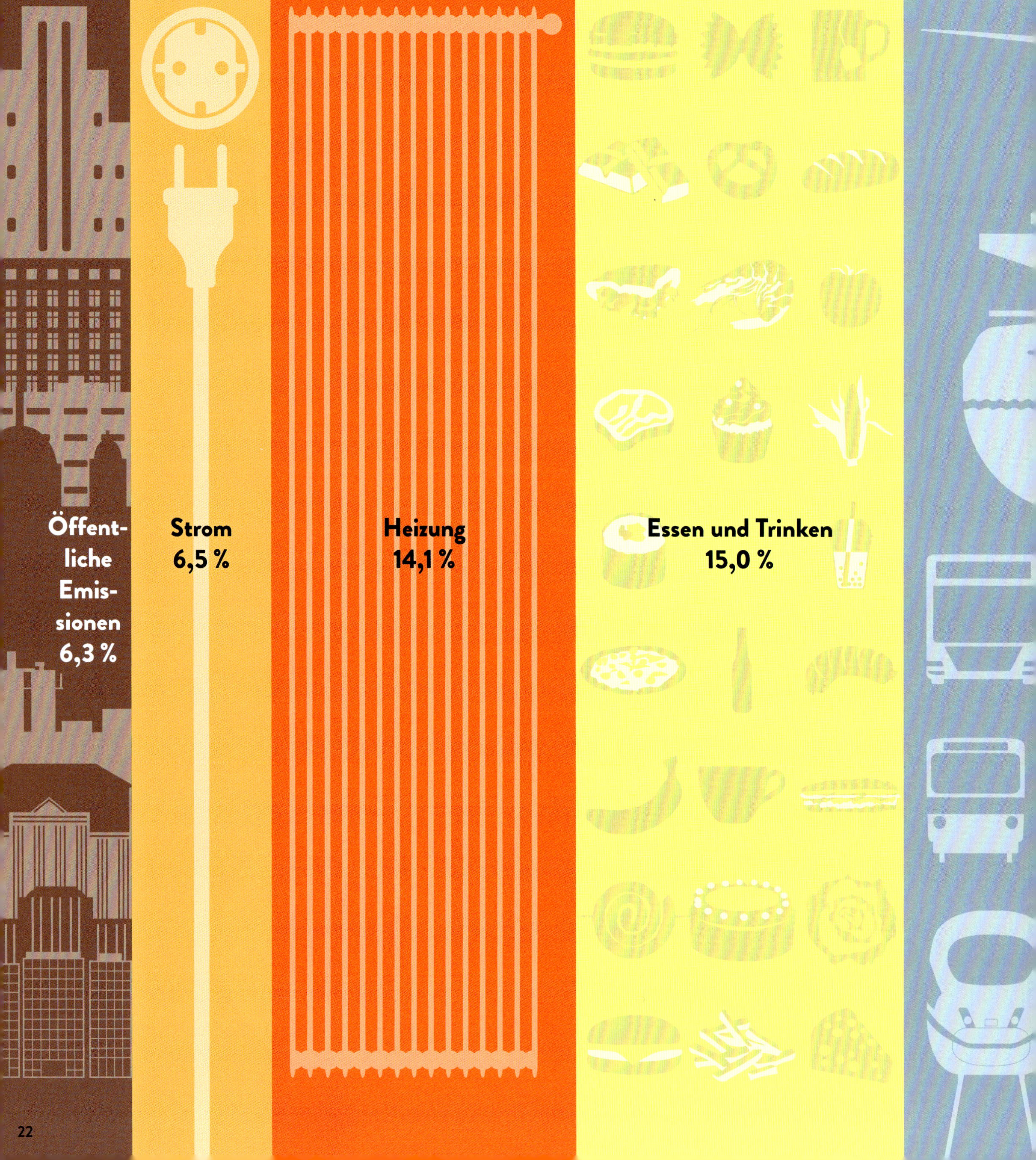

Was verursacht am meisten schädliche Klimagase? Alle denken wahrscheinlich sofort an Autofahren und Fliegen. Aber in Wirklichkeit ist es der Konsum von Dingen, der ganz vorne liegt.

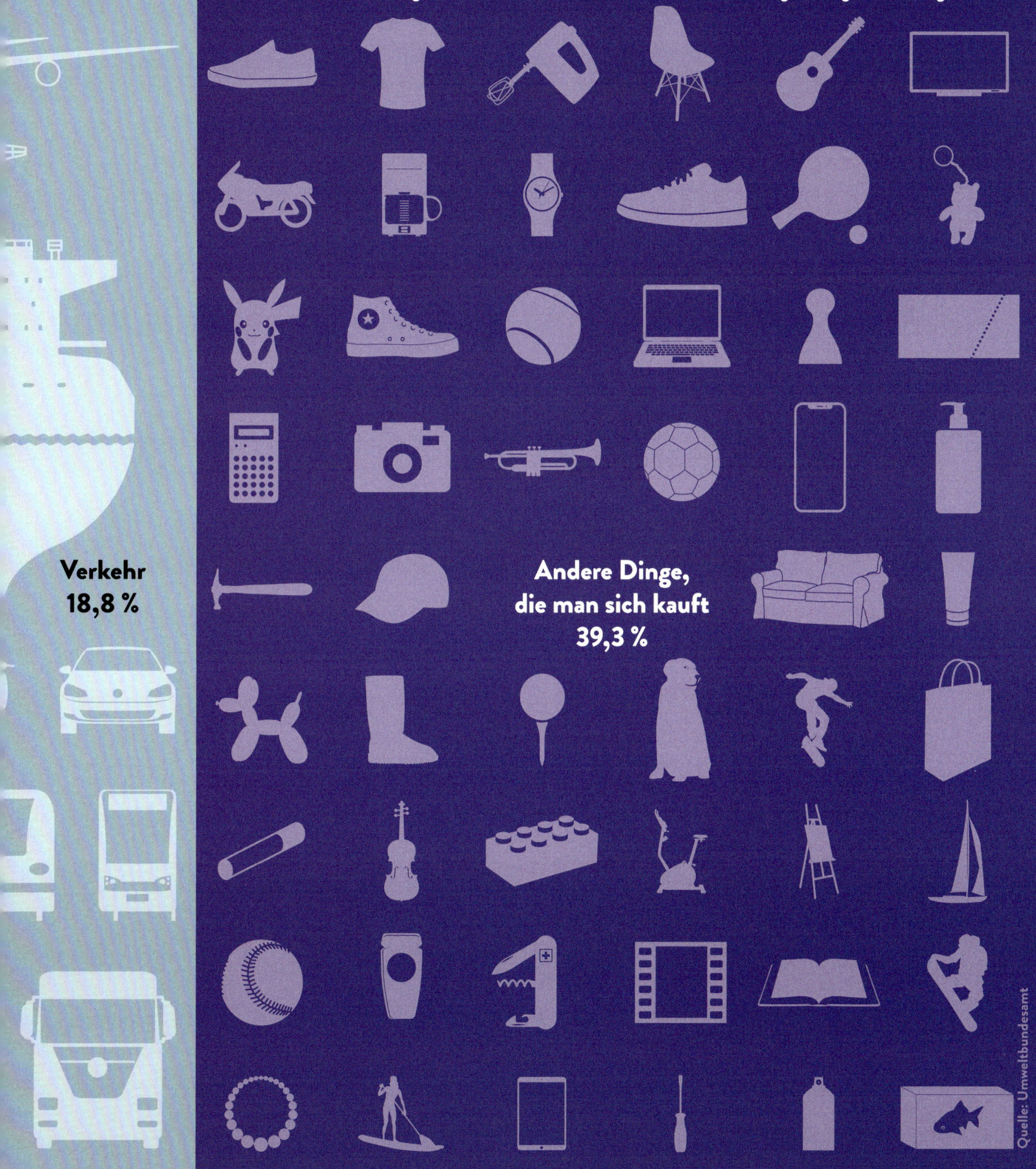

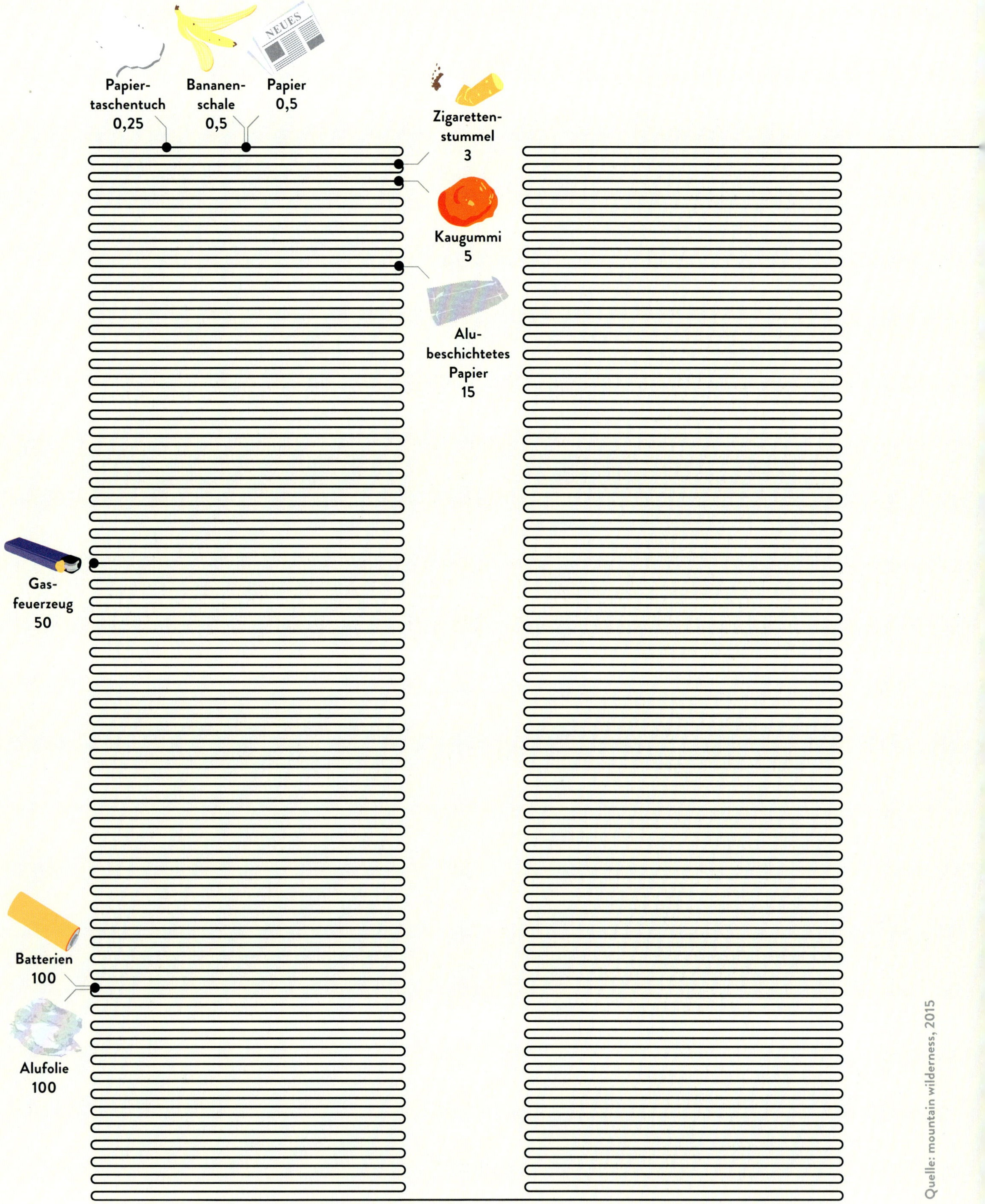
Papier-
taschentuch
0,25
Bananen-
schale
0,5
NEUES
Papier
0,5
Zigaretten-
stummel
3
Kaugummi
5
Alu-
beschichtetes
Papier
15
Gas-
feuerzeug
50
Batterien
100
Alufolie
100
Quelle: mountain wilderness, 2015

WANN ZERFÄLLT WAS?

Dauer bis zum biologischen Abbau verschiedener Gegenstände

Angabe in Jahren

Es ist schon nicht besonders nett, eine Bananenschale in die freie Natur zu werfen. Aber immerhin ist die in einem halben Jahr verschwunden. Weil nämlich sehr kleine Organismen, Bakterien und Pilze, sich an der Schale zu schaffen machen. Andere Dinge, die wir so mit in den Wald nehmen, würden viel, viel länger überleben, wenn man sie dort wegwirft. Eine Plastikflasche könnten dort theoretisch noch eure Urururururur-urururururururu-rurururenkel wiederfinden.

BELIEBTESTE AUTOS

Welche Gruppe von Pkw wird in Deutschland am häufigsten gekauft?

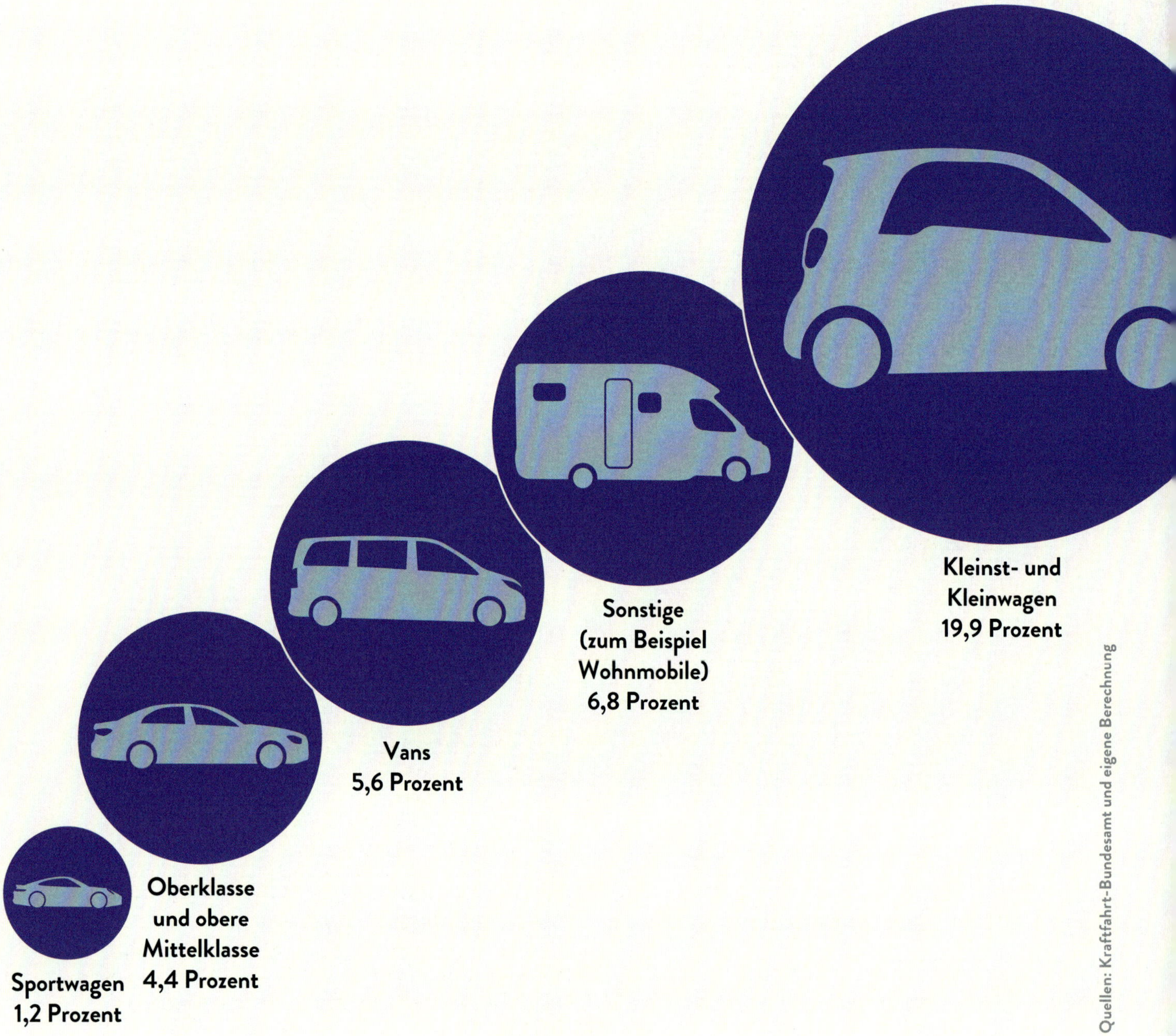

Quellen: Kraftfahrt-Bundesamt und eigene Berechnung

SUVs und
Geländewagen
31,2 Prozent

Kompakt- und
Mittelklasse
30,8 Prozent

Angabe in Prozent – im Jahr 2019 neu zugelassene Pkw nach Produktgruppen

Es ist schon eigenartig: In Deutschland gibt es so viele gut asphaltierte Straßen für Autos und ständig werden noch neue Straßen gebaut (wobei immer auch ein Stück Natur verloren geht) – und trotzdem ist das Auto, das Erwachsene in Deutschland am häufigsten kaufen, der SUV oder der Geländewagen, die beide eher für Wald- oder Feldwege geeignet sind. SUV steht für Sport Utility Vehicle, Wikipedia übersetzt den Begriff mit dem seltsamen Namen Stadtgeländewagen. Aber wo gibt es Gelände in der Stadt? SUVs verbrauchen besonders viel Benzin, weil sie so schwer sind – und sie sind für Fußgänger und Radfahrer, die mit ihnen zusammenprallen, besonders gefährlich.

WIE VIELE EISBÄREN GIBT ES, GAB ES UND WIRD ES GEBEN?

Ein Vergleich von heute mit der Zeit vor 60 Jahren und der Zeit in 80 Jahren.

Gründe für die Zunahme von 1960 bis 2020

Jagdverbote

Eisbären-population
2020
ca. 25.000

Eisbären-population
1960
ca. 5.000 bis 10.000

Niemand weiß genau, wie viele Eisbären heute leben. Es gibt keine jährlichen Eisbärzählungen. Man kann die Zahl also nur schätzen. Noch schwieriger ist es zu wissen, wie viele Eisbären es früher gab und wie viele es in Zukunft geben wird. Das sind alles nur Schätzzahlen! Und da kann man auch mal danebenliegen, selbst wenn man Wissenschaftlerin oder Wissenschaftler ist. Und was die Zukunft anbelangt, ist eh noch einiges offen: Wenn der Mensch sein Verhalten ändert, ist das Aussterben der Eisbären noch lange nicht beschlossene Sache!

Gründe für das mögliche Aussterben bis 2100

Weniger Packeis
(durch Klimawandel)

Jagd auf Eisbären
als Trophäen

Bohren nach
Erdöl und Erdgas

Schifffahrt

Gifte im
Meerwasser

Weniger Robben im Meer –
das ist das wichtigste
Futter der Eisbären

Störende
Touristen

**Eisbären-
population
2100
0
(Schätzung oder Prognose)**

Quellen: Stiftung Mercator und Nature Climate Change, August 2020, S. 732–738

KUHMILCH UND MILCHERSATZ

Wir vergleichen die Umweltwirkung von 5 verschiedenen weißen Getränken.

Am besten schneidet der Haferdrink ab. Aber es ist natürlich auch eine Frage des Geschmacks. Jedes Getränk, das wir hier zeigen, schmeckt anders. Und je nach Hersteller schmeckt zum Beispiel die Hafermilch auch wieder anders. Einfach mal ausprobieren! Übrigens: Wenn der Hafer aus Deutschland kommt, ist das ein weiteres Plus fürs Klima!

Wasserverbrauch in Litern

Treibhausgas-Emissionen in Kilogramm CO_2-Äquivalente*

Belastung von Gewässern in Gramm Phosphat-Äquivalente*

*Man rechnet andere Gase in die Menge CO_2 oder Phosphat um, die die gleiche schlechte Wirkung fürs Klima hat. Das nennt man CO_2-Äquivalent (kurz CO_2-eq) oder Phosphat-Äquivalent.

Quellen: Poore & Nemecek (2018)/ Stiftung Warentest 5/2020

Sojadrink
Mandeldrink
Reisdrink
1,2 l
371 l
568 l
0,9 kg
0,7 kg
0,9 kg
4,2 g
1,5 g
1,1 g

DIE WOLKE UM JEDEN EINZELNEN

Wie viel CO_2 entsteht pro Einwohner in den verschiedenen Ländern?

Vielleicht fällt euch das kleine Land Katar auf. Dort findet die Fußball-WM 2022 statt. Katar ist vor allem ein heißes und sehr reiches Land. Viele Wohnungen – und Stadien – werden mit Klimaanlagen gekühlt. Die verbrauchen sehr viel Strom. Deutschland findet ihr sicher auch. Tatsächlich sind die Deutschen auch nicht gerade die Weltmeister im Klimaschonen.

Quelle: EDGAR (Emission Database for Global Atmospheric Research)

DER UNTERSCHIED ZWISCHEN ABSICHT UND TUN

Wie viele Menschen sind bereit, mehr Geld auszugeben zum Wohl der Tiere – und wie viele halten sich daran?

Anteil der Befragten, die „auf jeden Fall" bereit wären, einen höheren Preis für Lebensmittel zu bezahlen, wenn dies den Tieren eine bessere Haltung sicherte: 43 Prozent

↓

Ihr kennt das sicher auch: Wenn ihr gefragt werdet, sagt ihr zum Beispiel, dass ihr euer Zimmer bestimmt gleich aufräumen werdet. Aber dann kommt etwas dazwischen. Also, ehrlich gesagt, kommt oft etwas dazwischen. Bei Erwachsenen ist das manchmal nicht anders: Wenn sie gefragt werden, wollen sie kein billiges Fleisch aus Massentierhaltung kaufen. Aber wenn sie im Supermarkt stehen, kaufen sie es doch. Manchmal gibt es einen großen Unterschied zwischen dem, was man machen will, und dem, was man tut.

Quellen: Ernährungsreport 2018 und fleischwirtschaft.de

So groß ist der Anteil von Biofleisch
an allem verkauften Fleisch:
weniger als 1 Prozent

DER ÖKOLOGISCHE PFOTEN-, FUSS- UND HUFABDRUCK

Welche Haustiere schaden dem Klima am meisten?

Klimaänderungspotenzial in Tonnen CO_2-eq pro Jahr*

Es ist leider so: So schön es ist, ein Haustier zu haben – auch das Haustier produziert klimaschädliche Gase, genauso wie der Mensch. Das gilt vor allem für ein Pferd. Drei Pferde schaden dem Klima ungefähr genauso wie ein Mensch. Wer sich ums Klima sorgt und ein Haustier haben will, sollte vielleicht über ein Aquarium oder einen Ziervogel nachdenken. Und wenn einen Hund: lieber einen kleinen als einen großen. Denn das ist die wichtigste Regel: Je größer das Haustier ist und je mehr Futter es verbraucht, umso größer sind die Folgen fürs Klima.

Pferd
3.154

*Man rechnet andere klimaschädliche Gase in die Menge CO_2 um, die die gleiche schlechte Wirkung fürs Klima hat. Das nennt man CO_2-Äquivalent oder kurz CO_2-eq.

Quelle: J. Annaheim, N. Jungbluth: Ökobilanz von Pferden und anderen Haustieren

FAIR GEGEN APPLE

Apple iPhone®   Fairphone 3

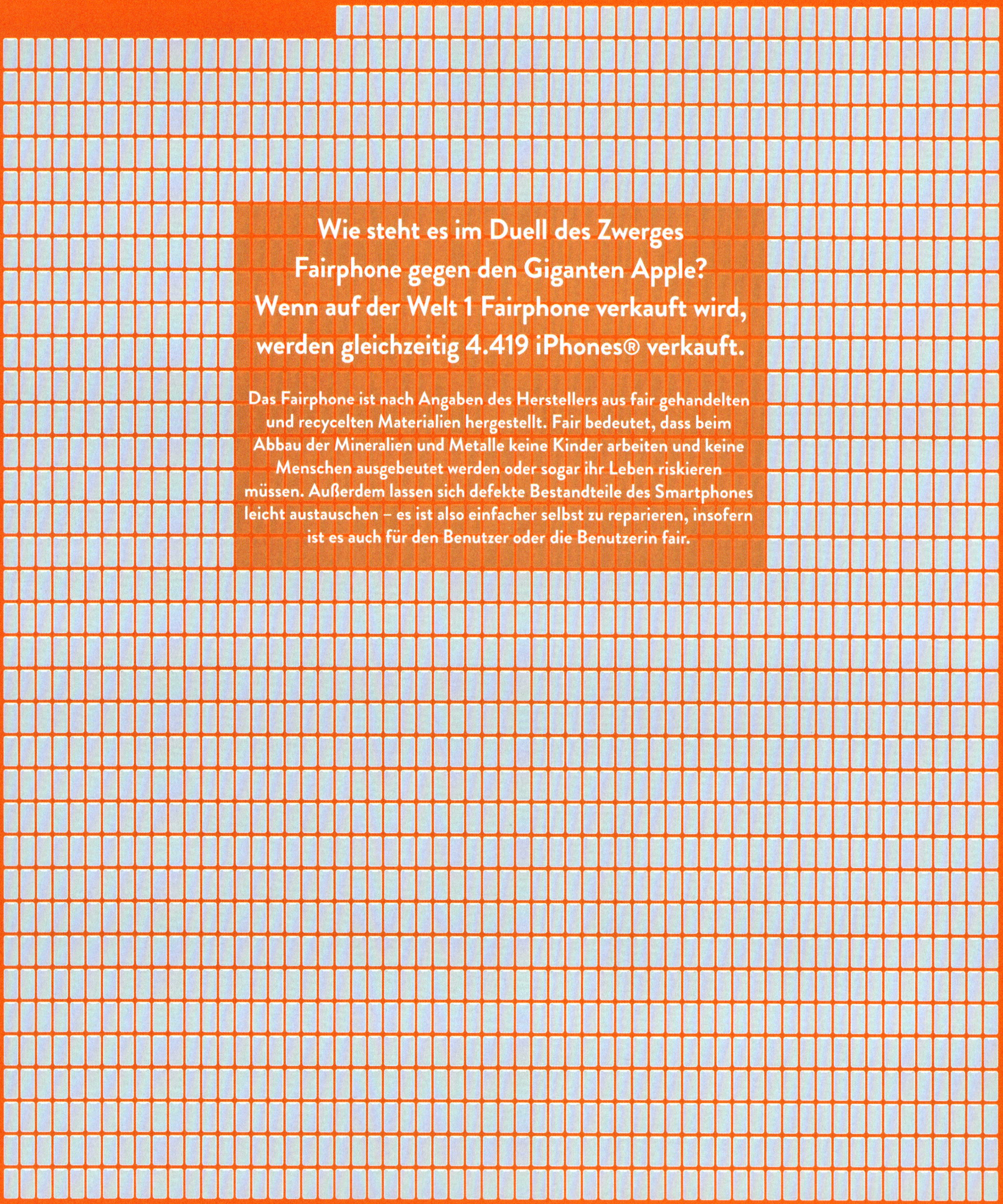

Wie steht es im Duell des Zwerges Fairphone gegen den Giganten Apple? Wenn auf der Welt 1 Fairphone verkauft wird, werden gleichzeitig 4.419 iPhones® verkauft.

Das Fairphone ist nach Angaben des Herstellers aus fair gehandelten und recycelten Materialien hergestellt. Fair bedeutet, dass beim Abbau der Mineralien und Metalle keine Kinder arbeiten und keine Menschen ausgebeutet werden oder sogar ihr Leben riskieren müssen. Außerdem lassen sich defekte Bestandteile des Smartphones leicht austauschen – es ist also einfacher selbst zu reparieren, insofern ist es auch für den Benutzer oder die Benutzerin fair.

Quellen: The guardian und iphone-ticker.de

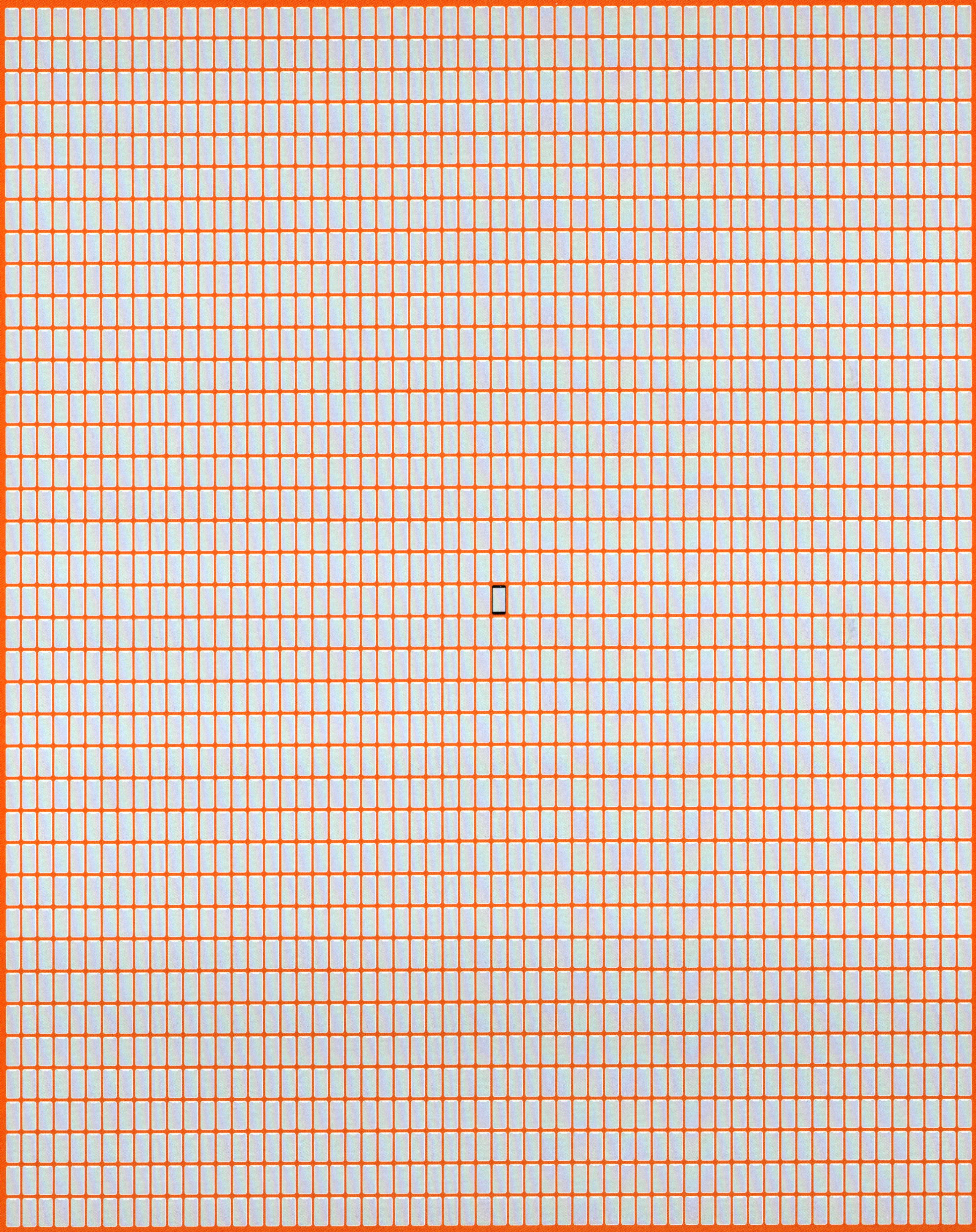

GEHT ES IHNEN BESSER ODER SCHLECHTER?

Diese 13 Tier- und Pflanzenarten werden besonders genau untersucht. Wir zeigen, wie sich ihr Bestand seit 2013 in Deutschland entwickelt hat.

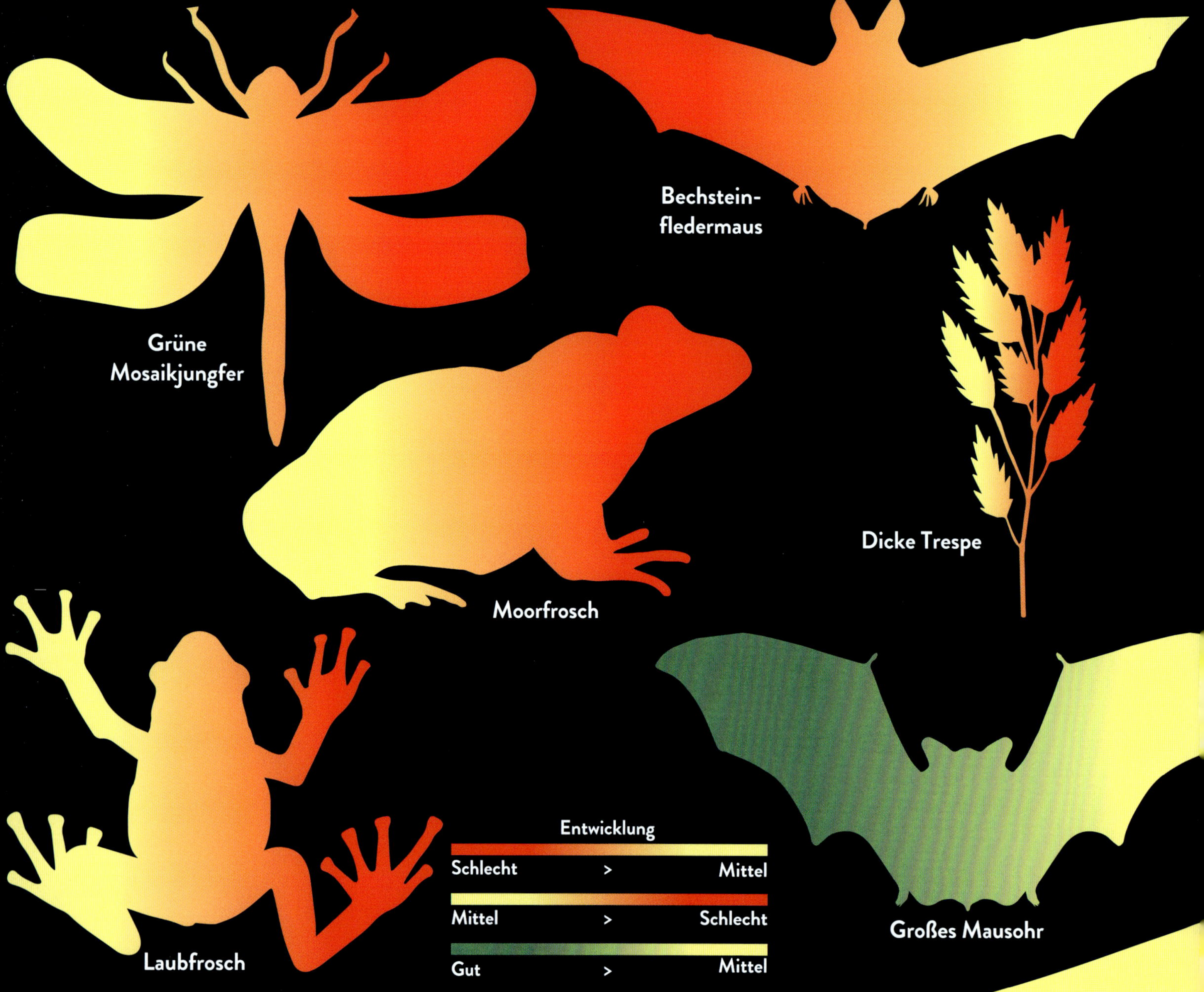

Veränderung des Erhaltungszustandes der sogenannten FFH-Arten von 2013 bis 2019

Diese 13 Arten gehören zu den FFH-Arten. FFH steht für Flora-Fauna-Habitat, ohne Fremdwörter bedeutet das Pflanzenwelt-Tierwelt-Lebensraum. So heißt eine Richtlinie der Europäischen Union, deren Ziel es ist, Arten, die wild leben, zu schützen. Diese 13 Arten sollen also geschützt werden. Alle paar Jahre werden Berichte geschrieben, um zu wissen: Klappt das auch? Wie ihr seht, ging es nur 2 dieser 13 Arten besser als zuvor. Das ist gar kein gutes Ergebnis.

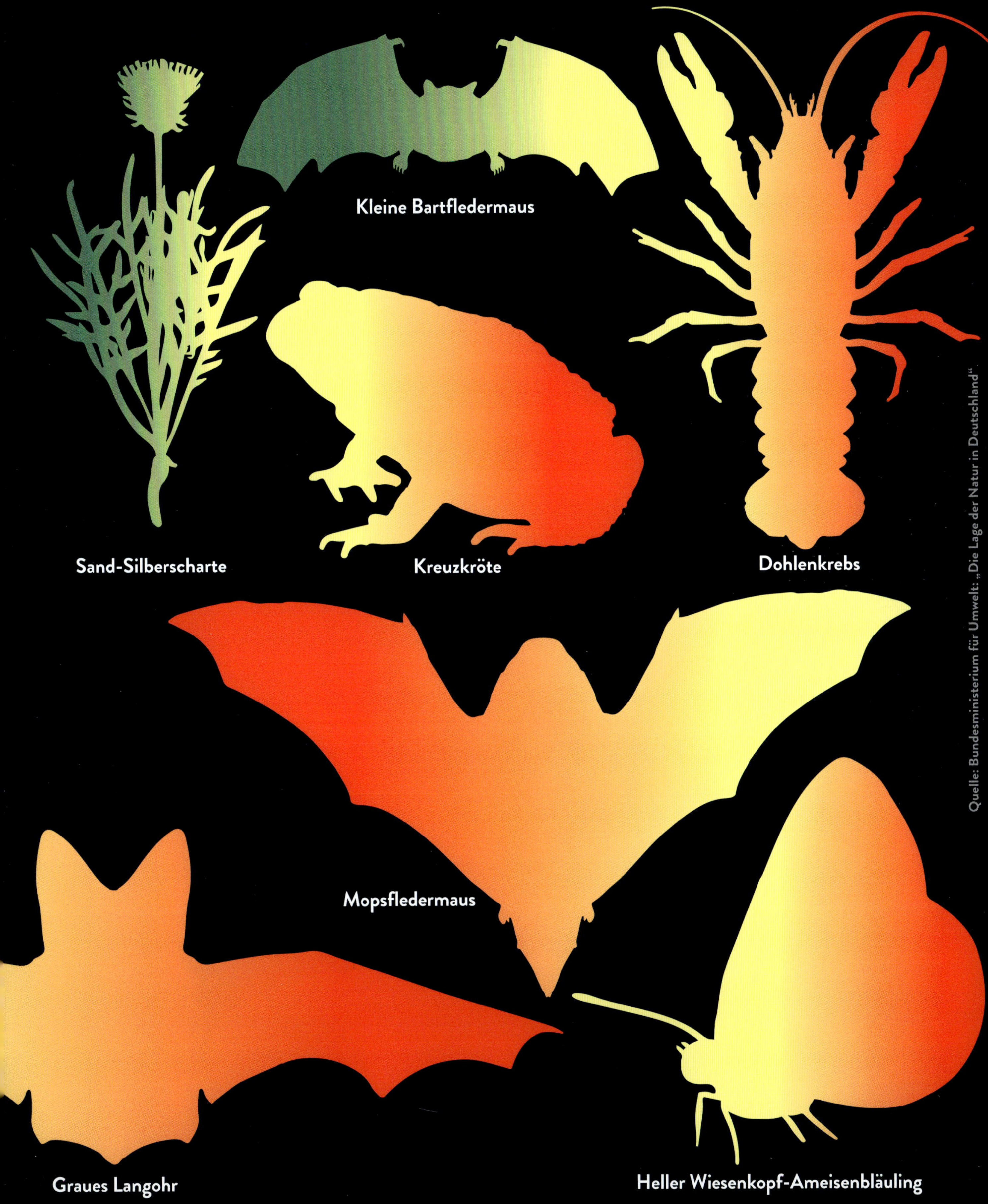

Quelle: Bundesministerium für Umwelt: „Die Lage der Natur in Deutschland“

HAMBURGER GEGEN PILZBURGER

Wenn man die Folgen fürs Klima betrachtet: Wie viele Pilze entsprechen einer Scheibe Hackfleisch?

Ein Patty von 100 Gramm Hackfleisch entspricht in der CO_2-Bilanz 615 Gramm Champignons. Man kann auch aus Champignons Burger machen. Portobello heißen Riesenchampignons, die die passende Größe haben. Sie wiegen meistens etwas weniger als 100 Gramm. Man kann aus den 615 Gramm also mindestens 6 Burger machen – oder den Burger mindestens 6 Mal so dick mit Pilzen belegen wie mit Hackfleisch. Wenn man ihn so dick belegt überhaupt essen kann!

Quellen: klimatarier.com und eigene Berechnung

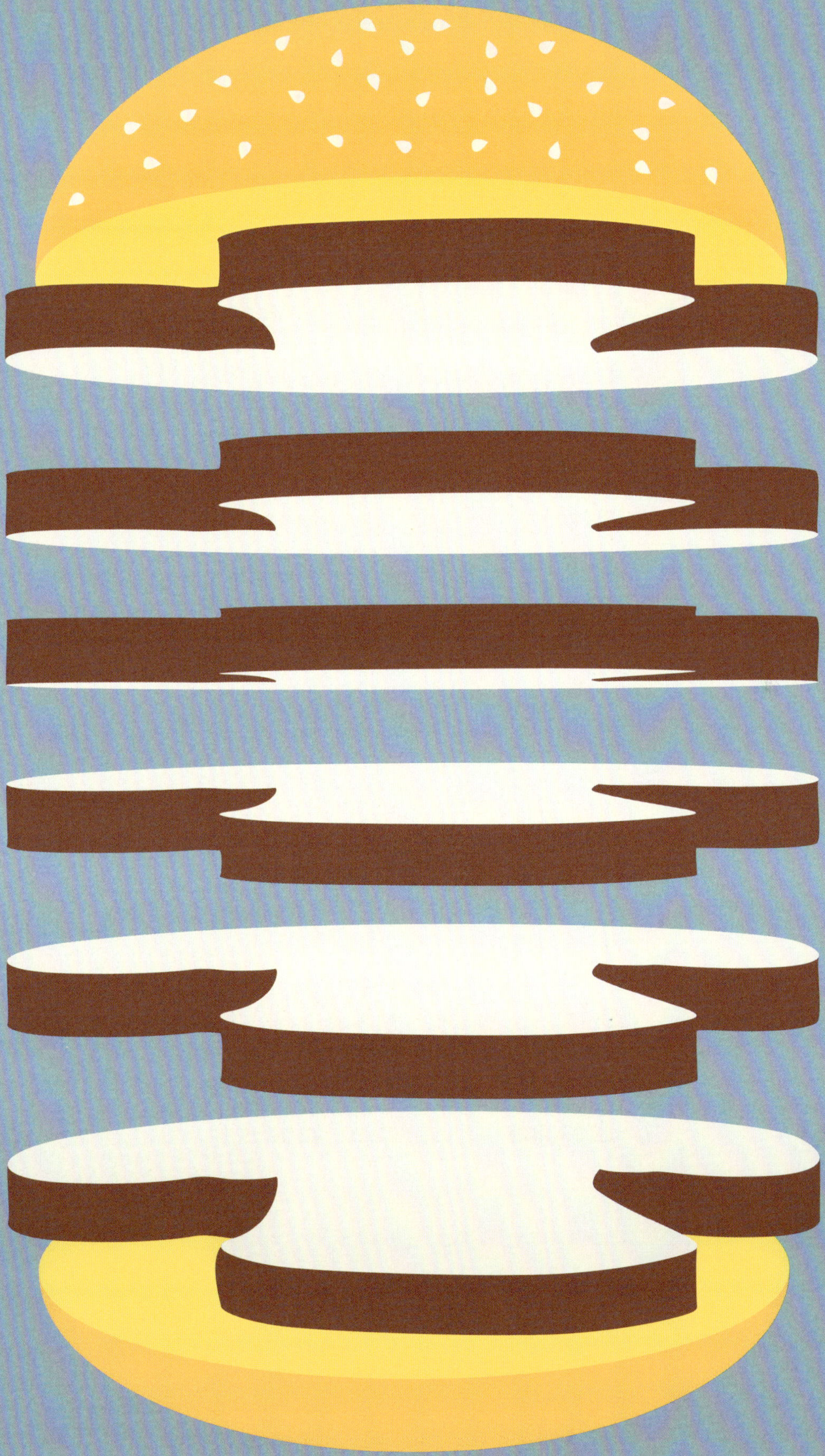

KLIMA IN ZEITUNGEN

Wann wurde wie oft über den Klimawandel und damit über den CO_2-Anstieg in Zeitungen geschrieben?

Häufigkeit der Begriffe „Klimawandel“ und „Klimakatastrophe“ pro Millionen Begriffe in Zeitungen, dargestellt als CO_2-Symbol

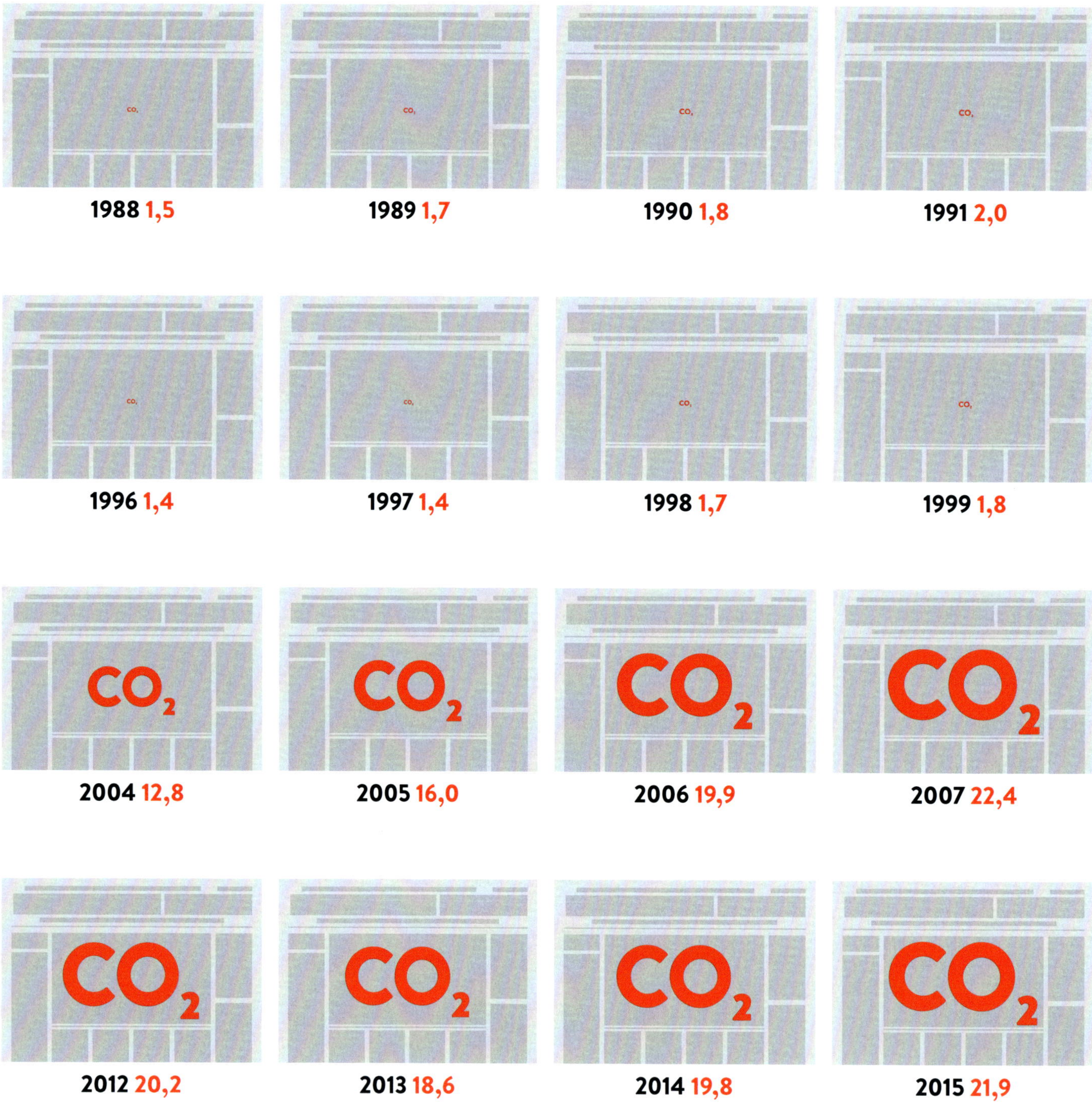

Quellen: Digitales Wörterbuch der deutschen Sprache/Berlin-Brandenburgische Akademie der Wissenschaften

Über den Klimawandel steht schon sehr lange etwas in der Zeitung. Er ist nämlich schon lange bekannt. Jahrelang war er aber eher ein nebensächliches Thema. Vielleicht waren das die vergeudeten Jahre für den Klimaschutz: Man kannte das Problem, redete auch darüber, aber es erschien vielen nicht so wichtig, um wirklich etwas zu tun. Erst seit wenigen Jahren ist das Thema riesengroß.

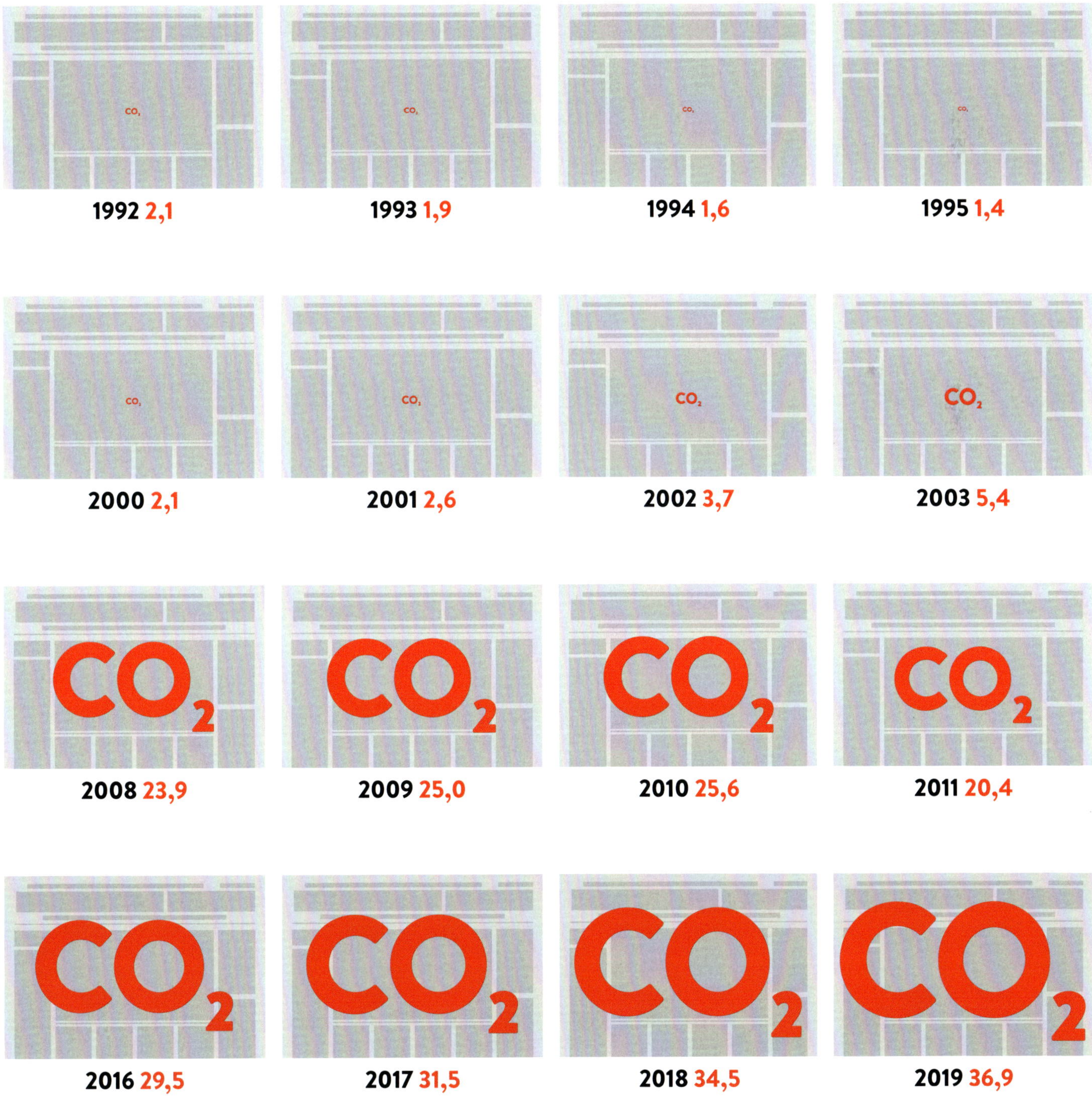

WELCHER FISCH IST ZU EMPFEHLEN?

Fisch ist nicht gleich Fisch. Welchen kann man mit gutem Gewissen essen und welchen eher nicht?

Immer schlecht

Meistens nicht okay

Atlantischer Lachs (oft geräuchert in Scheiben)

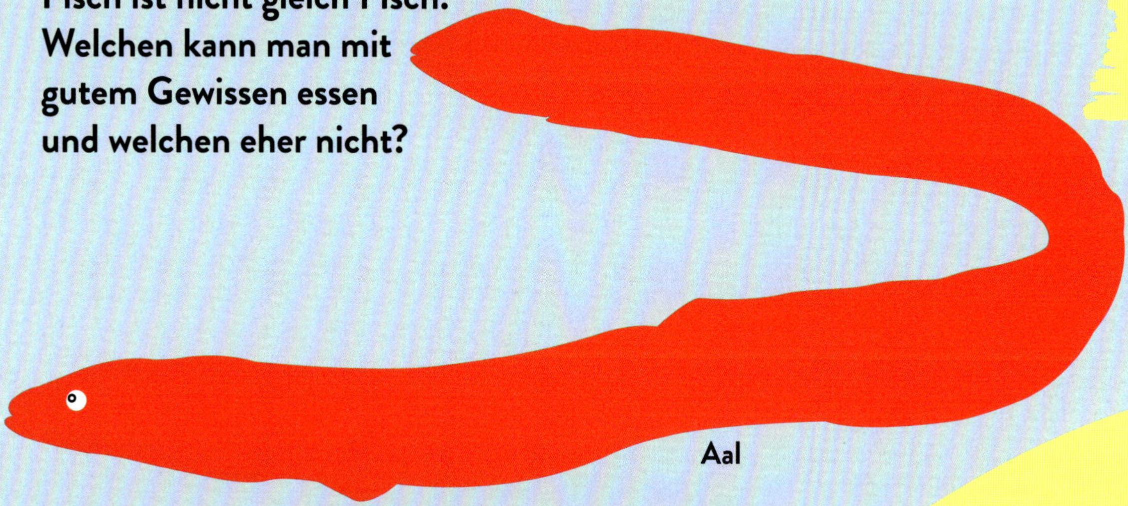

Aal

Thunfisch (Echter Bonito)

Den Fischen in den Meeren geht es nicht gut. Viele Arten sind kurz vor dem Kollaps. Besser als Wildfisch zu kaufen ist es, Fisch aus Zucht zu kaufen. Aber selbst hier gibt es Unterschiede je nach Herkunftsland. Wenn ihr es für einen Fisch, den ihr gerne esst, ganz genau wissen wollt – vor allem für die Arten, die hier gelb sind –, überprüft ihr ihn am besten im WWF-Fischratgeber im Internet. Einfach bedenkenlos jeden Fisch zu essen, das ist nicht mehr ratsam.

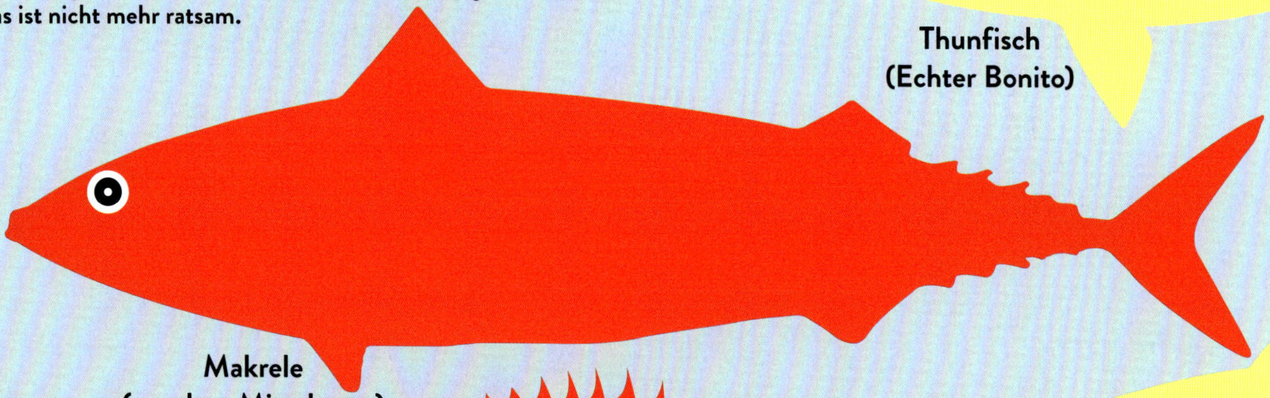

Makrele (aus dem Mittelmeer)

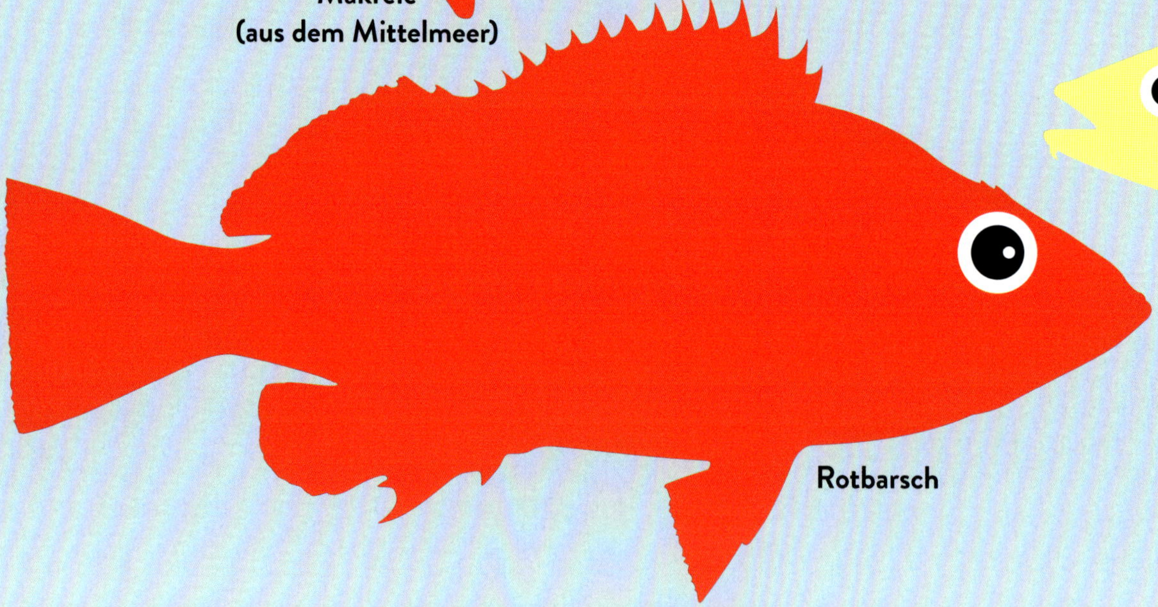

Rotbarsch

Quelle: WWF Fischratgeber

Okay

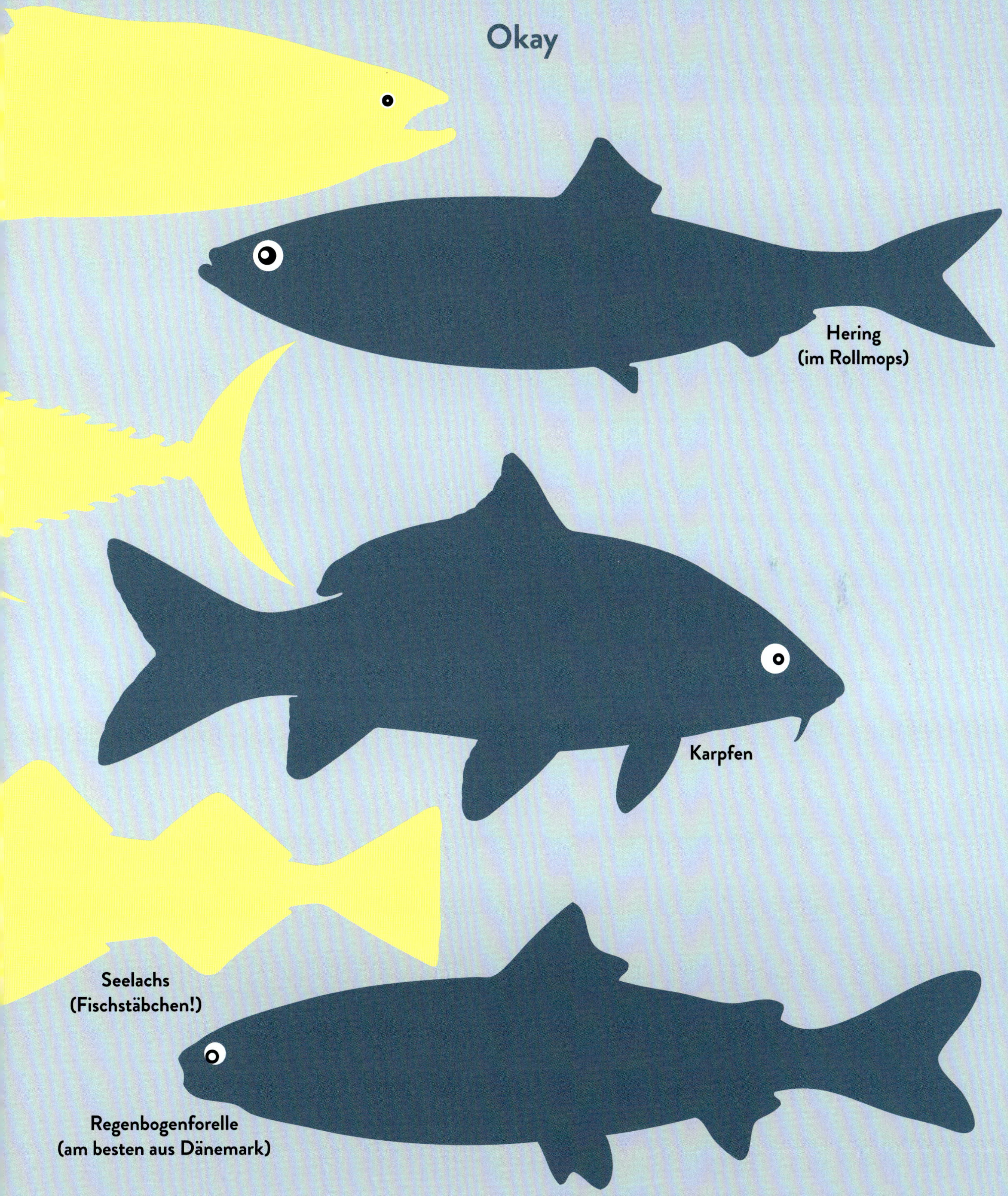
Hering
(im Rollmops)
Karpfen
Seelachs
(Fischstäbchen!)
Regenbogenforelle
(am besten aus Dänemark)

WIE GUT IST EIGENTLICH EIN ELEKTROAUTO?

Alle fordern dieses Auto. Aber wie schneidet es ab im Vergleich mit anderen Verkehrsmitteln?

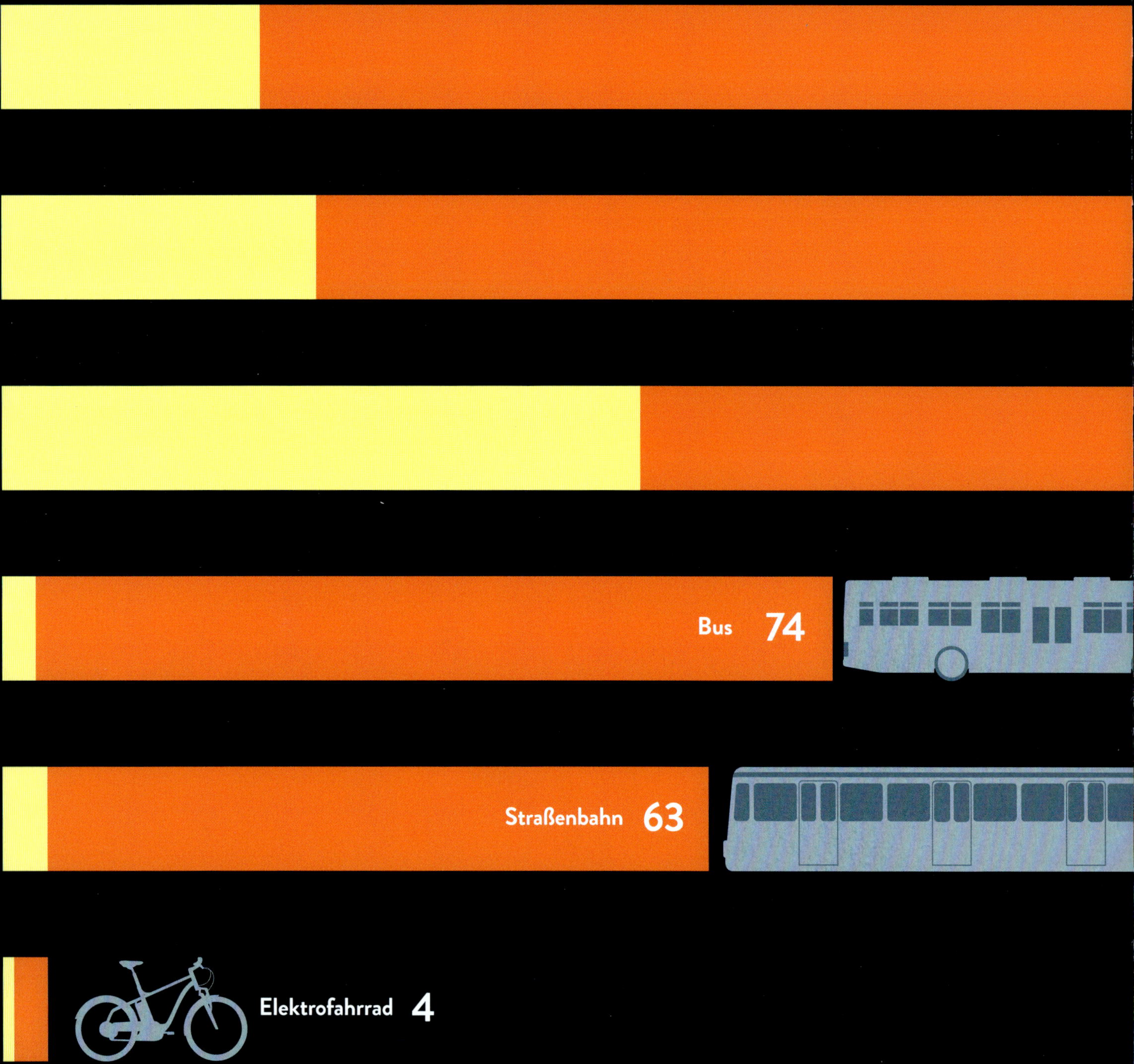

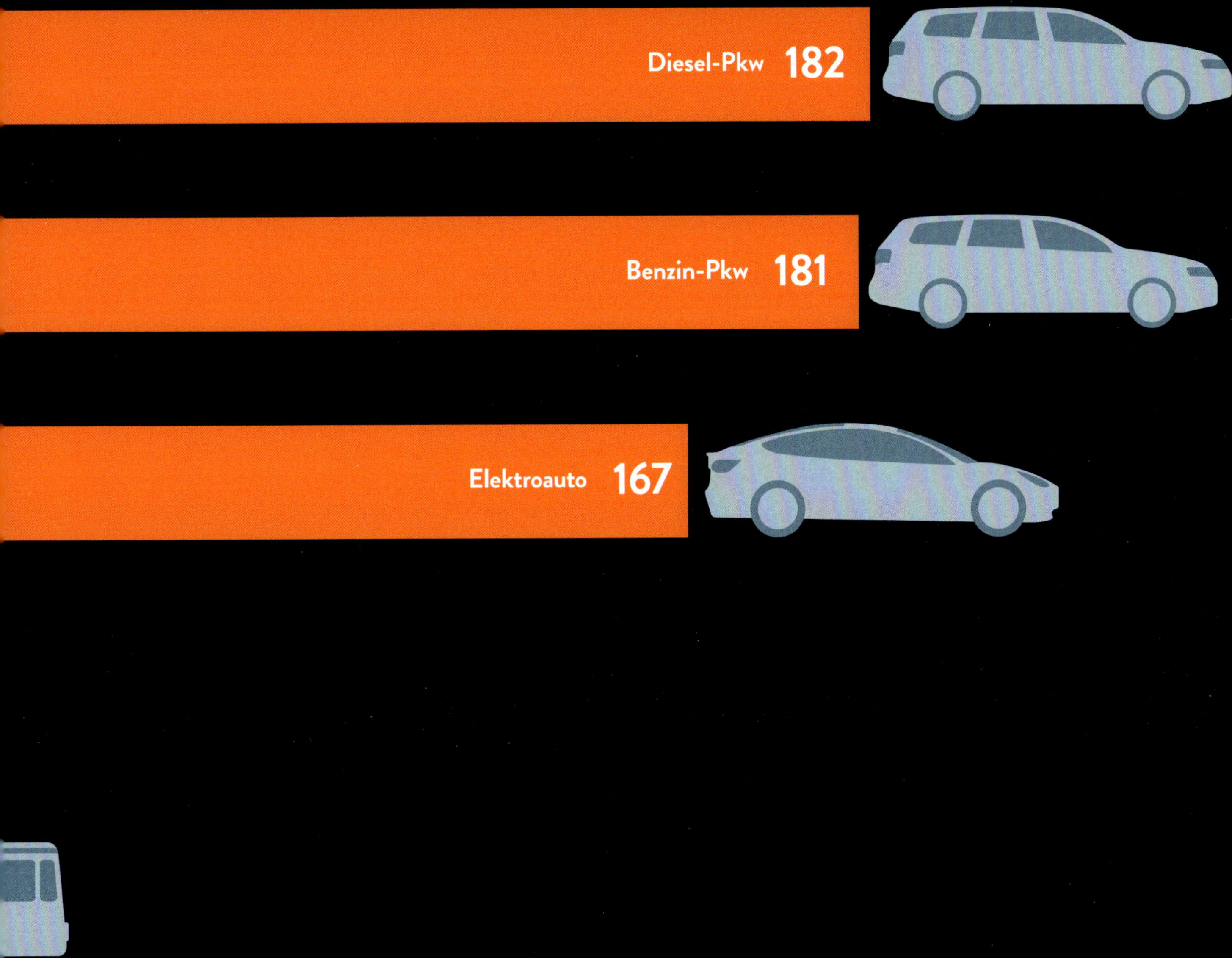

Angegeben ist, wie viel Gramm CO_2 pro Kilometer und pro Person ausgestoßen werden.
Dabei zeigt der gelbe Balken das CO_2 in der Herstellung
und der orangene Balken das CO_2 im Betrieb des Fahrzeugs.

Elektroautos verschmutzen die Stadtluft weniger. Das ist gut. Aber ob sie den Klimawandel stoppen können, ist fraglich. Denn sie erzeugen ebenfalls viel CO_2, kaum weniger als andere Autos – das ist vor allem deshalb so, weil in der Herstellung der Batterie viel davon entsteht.

DIE NUSS-NOUGAT-CREME UND DER URWALD

Wie groß ist das Stück Palmöl-Plantage, das man für eine tägliche Scheibe Toast mit der Creme braucht?

Auf einem Toastbrot sind etwa 20 Gramm Nuss-Nougat-Creme.

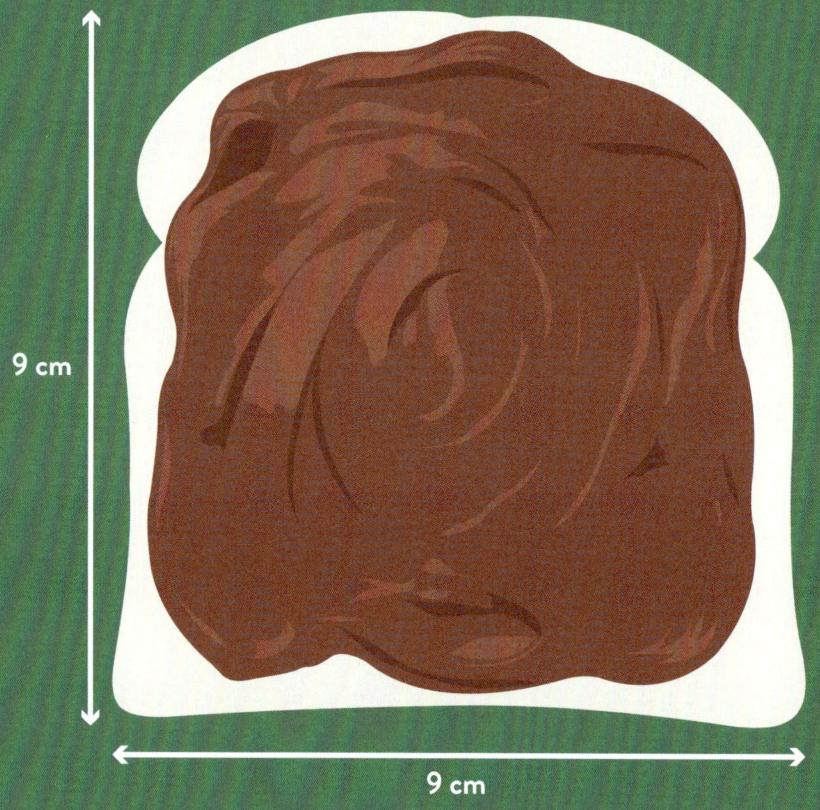

In den meisten Nuss-Nougat-Cremes steckt Palmöl. Woher kommt das Palmöl? Aus dem Fruchtfleisch der Früchte der Ölpalme. Diese Palmen wachsen auf Plantagen in der Nähe des Äquators, auf denen oft zuvor noch Urwald wuchs, der gerodet wurde. Wenn man also ein Toastbrot mit Nuss-Nougat-Creme isst, wie viel Plantagenfläche braucht man dafür? Wir haben das einmal ausgerechnet. Auf eine Scheibe Toastbrot schmiert man sich ungefähr 20 Gramm Schokocreme. Darin sind bis zu 5 Gramm Palmöl. Und weil man weiß, wie viel ein Hektar (das sind 100 mal 100 Meter) Plantage in 365 Tagen ergibt, kann man per Dreisatz ausrechnen, wie viel Öl im Schnitt an einem Tag produziert wird – und dass für die eine Toastbrotscheibe eines Tages eine Fläche notwendig ist, die so groß ist wie ein Quadrat von 11,9 mal 11,9 Zentimeter. Ein Toastbrot ist ungefähr 9 mal 9 Zentimeter groß. Was kannst du tun? Nuss-Nougat-Creme ganz ohne Palmöl kaufen – oder mit Palmöl, das aus ökologischer und fairer Erzeugung stammt (einfach mal aufs Etikett achten).

Quellen: Eigene Berechnung; Ertrag pro Hektar Palmöl-Plantage: Forschungsinstitut für biologischen Landbau FiBL; Anteil Palmöl in der Creme: Stiftung Warentest

Dafür benötigt man diese Plantagenfläche für Ölpalmen.

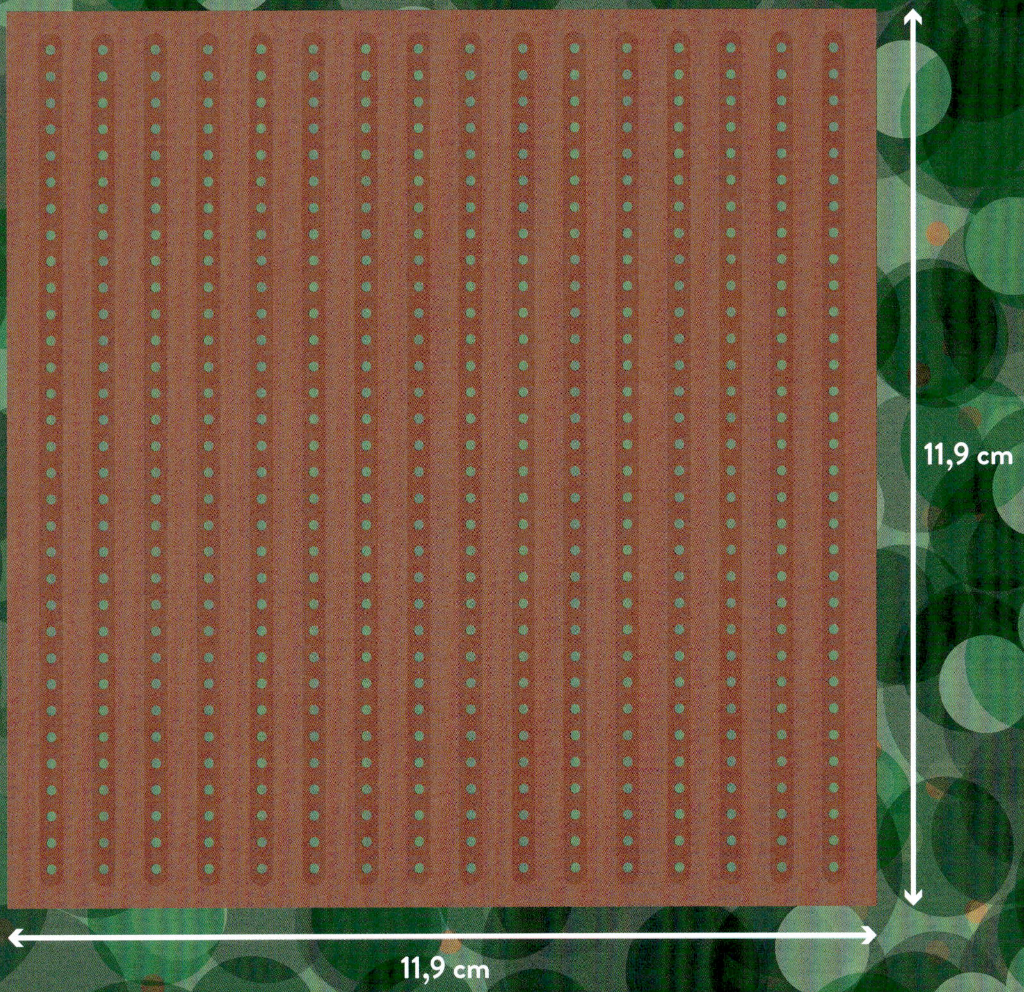

PFLANZENGIFT IN FRÜCHTEN

Lebensmitteltester haben 6.223 Früchte untersucht. Wie viele davon waren mit dem Gift Glyphosat belastet?

Untersuchte Früchte	Glyphosat nachweisbar, allerdings nur in extrem geringen Spuren	Mit Glyphosat leicht belastet	Glyphosat über dem erlaubten Grenzwert
6.223	30	12	2

Monatelang waren die Zeitungen voll – es wurde erbittert um Glyphosat gestritten. Die Chemikalie Glyphosat soll Pflanzen vernichten, die manche Menschen Unkräuter nennen. Sie ist also ein Gift. Es kann womöglich Krebs beim Menschen auslösen. Und es schadet den Insekten. Ab 2024 ist das Gift verboten. Immerhin: Eine große Gefahr geht von ihm für die Menschen, die Früchte essen, vermutlich nicht aus. Es ist auch wirklich nicht oft in Früchten zu finden.

Quelle: cvua Stuttgart

SCHADE UM DAS VIELE GELD

Wert der Lebensmittel, die jeder jeden Monat wegwirft – im Vergleich zum Taschengeld.

Weggeworfene Lebensmittel pro Person pro Monat: 19,50 Euro

Jeden Tag werfen Menschen in Deutschland Lebensmittel weg. Weil sie verdorben sind oder weil sie nicht mehr so appetitlich aussehen. Jeder Einzelne, auch Kinder, wirft im Schnitt monatlich Lebensmittel im Wert des durchschnittlichen Taschengelds eines 11-jährigen Kindes weg. Anders ausgedrückt: Das komplette Taschengeld eines Monats, es landet einfach so im Müll.

Quellen: Lebensmittel: Bundesministerium für Ernährung und Landwirtschaft (BMEL) und eigene Berechnungen; Taschengeld: Familienportal des Bundesministeriums für Familie, Senioren, Frauen und Jugend

Empfohlenes
Taschengeld
mit 11 Jahren:
18,00 Euro bis
20,50 Euro

STADTLUFT IN ALLER WELT

Wie sauber oder schmutzig ist sie rund um den Globus?

Wir zeigen hier nur einige ausgewählte Städte. Angaben in Mikrogramm pro Kubikmeter Luft – berücksichtigt wurden Teilchen in der Luft mit einem Durchmesser von mindestens 2,5 Mikrometer. Mikrogramm und Mikrometer bedeuten ein Millionstel Gramm oder Meter.

DELHI

Indien **98,6**

KABUL

Afghanistan **58,8**

ATHEN

Griechenland **22,3**

KAIRO

Ägypten **18**

LONDON

Großbritannien **11,4**

KAPSTADT

Südafrika **11,2**

STOCKHOLM

Schweden **6,1**

MÜNSTERTAL

Deutschland **5,9**

Quelle: IQAir 2019

Obwohl sich die Luft in der Atmosphäre vermischt, ist sie in unterschiedlichen Städten extrem unterschiedlich sauber oder schmutzig. Leider ist es so, dass oft in sehr armen Städten die Luft schlecht ist – da wohnen die Menschen oft sehr eng zusammen, es wird oft Kohle als Wärmequelle verbrannt oder es fahren Autos oder Motorräder ohne Luftfilter. Aber auch in Europa gibt es sehr schmutzige Stadtluft.

PEKING

China **42,1**

VENEDIG

Italien **24,7**

REGENSBURG

Deutschland **14,5**

LOS ANGELES

USA **12,7**

BERLIN

Deutschland **9,7**

NEW YORK

USA **7**

REYKJAVIK

Island **5,5**

LATHI

Finnland **4,2 (Weltrekord)**

FERNSEHEN UND KLIMA

Wie die Art des Geräts, die Auflösung des Bildes und die Art der Datenübertragung die Klimabilanz beeinflussen.

Angaben in Gramm CO_2-eq* pro Stunde.
Die Dicke der Kabel zeigt an, wie hoch die Auswirkung ist.

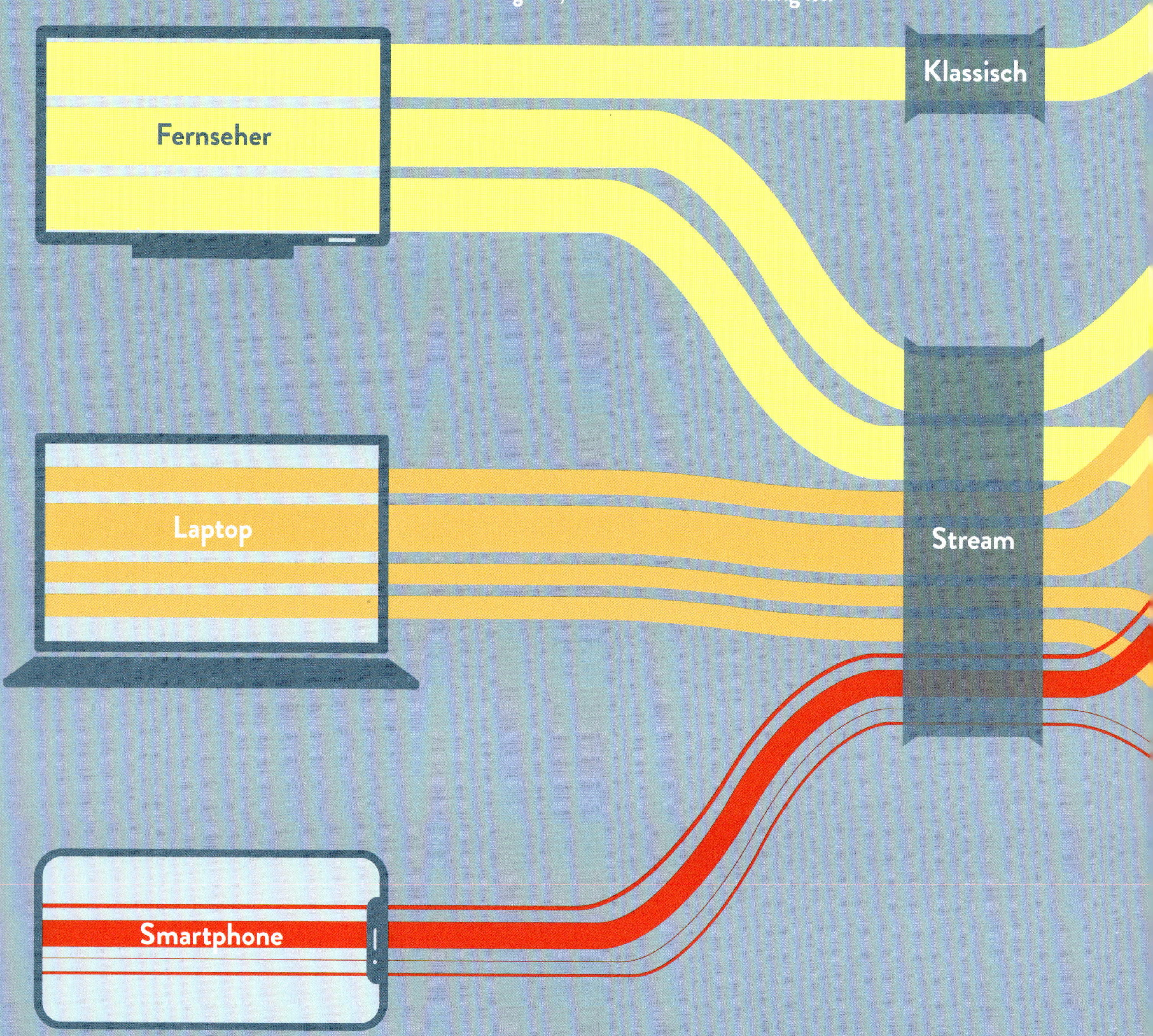

*Man rechnet andere klimaschädliche Gase in die Menge CO_2 um, die die gleiche schlechte Wirkung fürs Klima hat. Das nennt man CO_2-Äquivalent oder kurz CO_2-eq.

Quellen: Umweltbundesamt/September 2020 und eigene Berechnungen

Wir haben mit einem Fernsehgerät mit einer Leistung von 65 Watt und mit einer Laptopleistung von 25 Watt gerechnet. Für das Smartphone wurde der Wert von rund 0,1 Gramm CO_2-eq pro Stunde geschätzt.

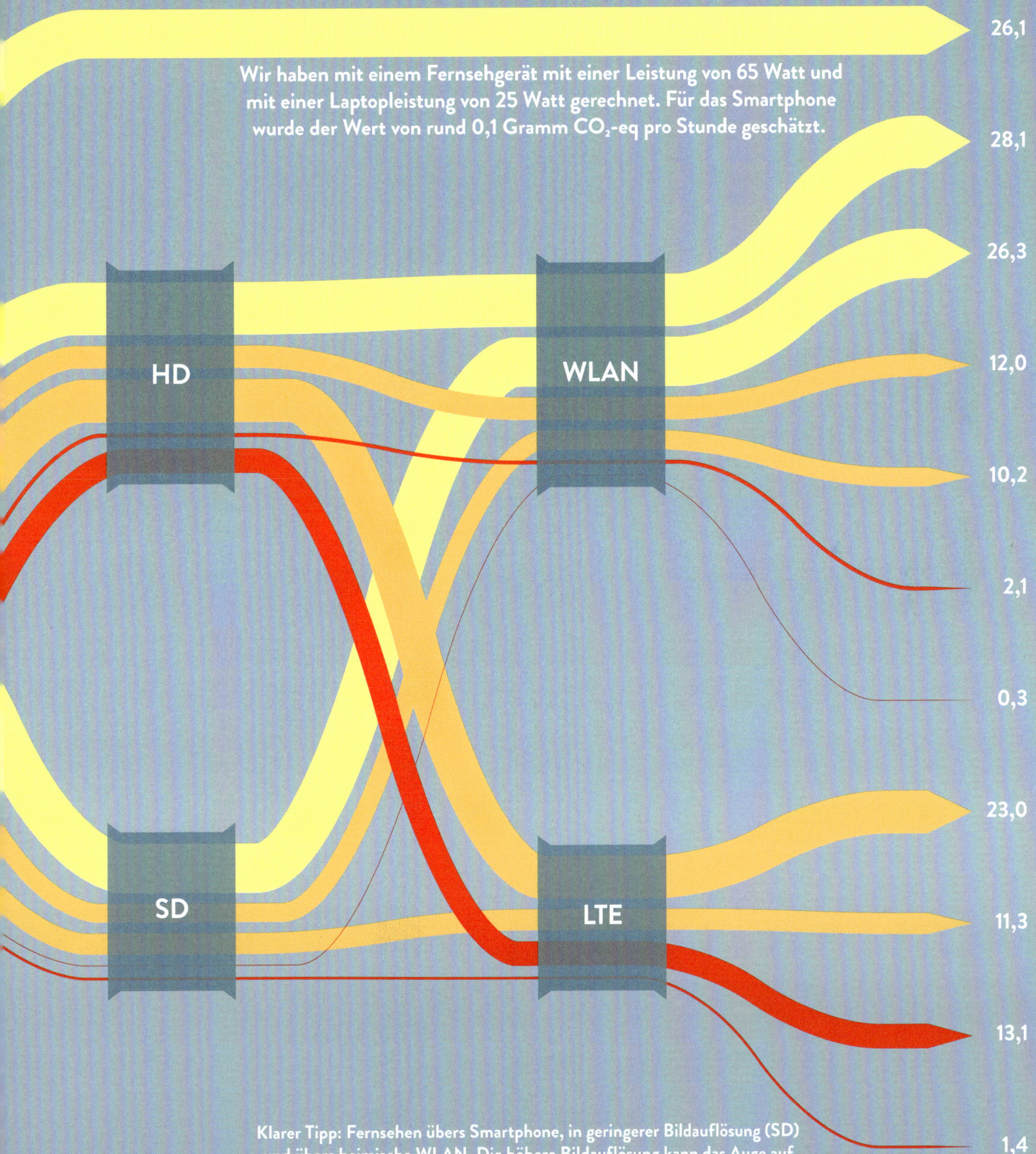

Klarer Tipp: Fernsehen übers Smartphone, in geringerer Bildauflösung (SD) und übers heimische WLAN. Die höhere Bildauflösung kann das Auge auf so kleinem Bildschirm eh kaum erkennen. Wenn ihr euch einen Filmabend mit Freunden oder der ganzen Familie macht, ist das aber natürlich nicht die richtige Wahl.

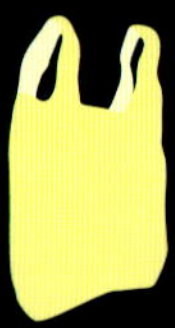

Zum Vergleich:
Wenn eine Plastiktüte (aus Polyethylen) nur ein einziges Mal benutzt wird, dann muss man …

eine Einkaufstasche aus Papier 3 Mal benutzen,

eine Einkaufstasche aus Vliesstoff 11 Mal benutzen,

einen Baumwollbeutel 131 Mal benutzen

… damit sie klimafreundlicher sind!

Quelle: Environment Agency, 2011

DER GROSSE TASCHENVERGLEICH

Wie oft muss man Einkaufstaschen aus verschiedenen Materialien benutzen, damit sie klimafreundlicher sind als eine Plastiktüte, die man nur ein einziges Mal benutzt?

Man kann natürlich auch eine Plastiktüte mehrfach benutzen. Nutzt man sie 3 Mal, muss man den Baumwollbeutel sogar 393 Mal benutzen, damit er besser ist als die Plastiktüte. Zu genau sollte man die Zahlen nicht nehmen. Denn es gibt verschiedene Studien zum Thema, die zu leicht unterschiedlichen Ergebnissen kommen. Aber die Größenordnung ist dieselbe.

Nehmen wir mal an, man benutzt eine Plastiktüte nur ein einziges Mal und wirft sie dann weg. Das klingt schlimm für die Umwelt! Aber die Wahrheit ist: Eine Papiertüte ist nur besser, wenn man sie mindestens 3 Mal benutzt. Und eine Tasche aus Baumwolle muss man sogar mehr als 100 Mal benutzen, damit sie besser ist als die einmalig verwendete Plastiktüte. Und jetzt überlegt mal, wie viele Baumwolltaschen in eurer Küche rumliegen, die seit Jahren niemand mehr benutzt hat … Stimmt leider: Das ist nicht gut. Besser wäre ein Beutel aus Stoff, den man jedes Mal wiederbenutzt, gerne auch 1.343 Mal, bevor er irgendwann so kaputt und zerrupft ist, dass er sich seine Rente verdient hat.

WARUM MUSS EIN NEUES SMARTPHONE HER?

In einer Umfrage haben Jugendliche zwischen 12 und 19 Jahren verraten, weshalb sie ein neues Gerät bekommen haben.

Eigentlich, das weiß man ja, wäre es gut, ein Handy so lange wie möglich zu nutzen und es reparieren zu lassen, wenn es kaputtgeht. Weil dann nicht so viele neue Geräte hergestellt und alte entsorgt werden müssen. Beides schont die Umwelt. So viel zum Thema „eigentlich". Weil wir aber alle Menschen sind, die auch mal cool sein wollen, gibt es durchaus ein paar Gründe, sich ein neues Handy zu kaufen. Übrigens konnten diejenigen, die gefragt wurden, mehrere Gründe angeben. Im Durchschnitt hatte jeder ungefähr zwei Gründe. Manchmal kommt eben beides zusammen: Man will ein neues Handy und das alte war kaputt. Rein zufällig! Zwinkersmiley!

Ich wollte ein neueres, besseres Modell.

Mein Abo-Vertrag war abgelaufen und ich konnte ein neues Handy zu einem reduzierten Preis auswählen.

Es war kaputt und konnte nicht mehr repariert werden.

Ich habe ein neues Handy geschenkt bekommen.

Es war kaputt und ich wollte es nicht mehr reparieren lassen.

Ich habe es verloren.

Ich wollte das gleiche wie meine Freunde.

Es wurde mir gestohlen.

Quelle: JAMESfocus 2017, Handyverhalten und Nachhaltigkeit

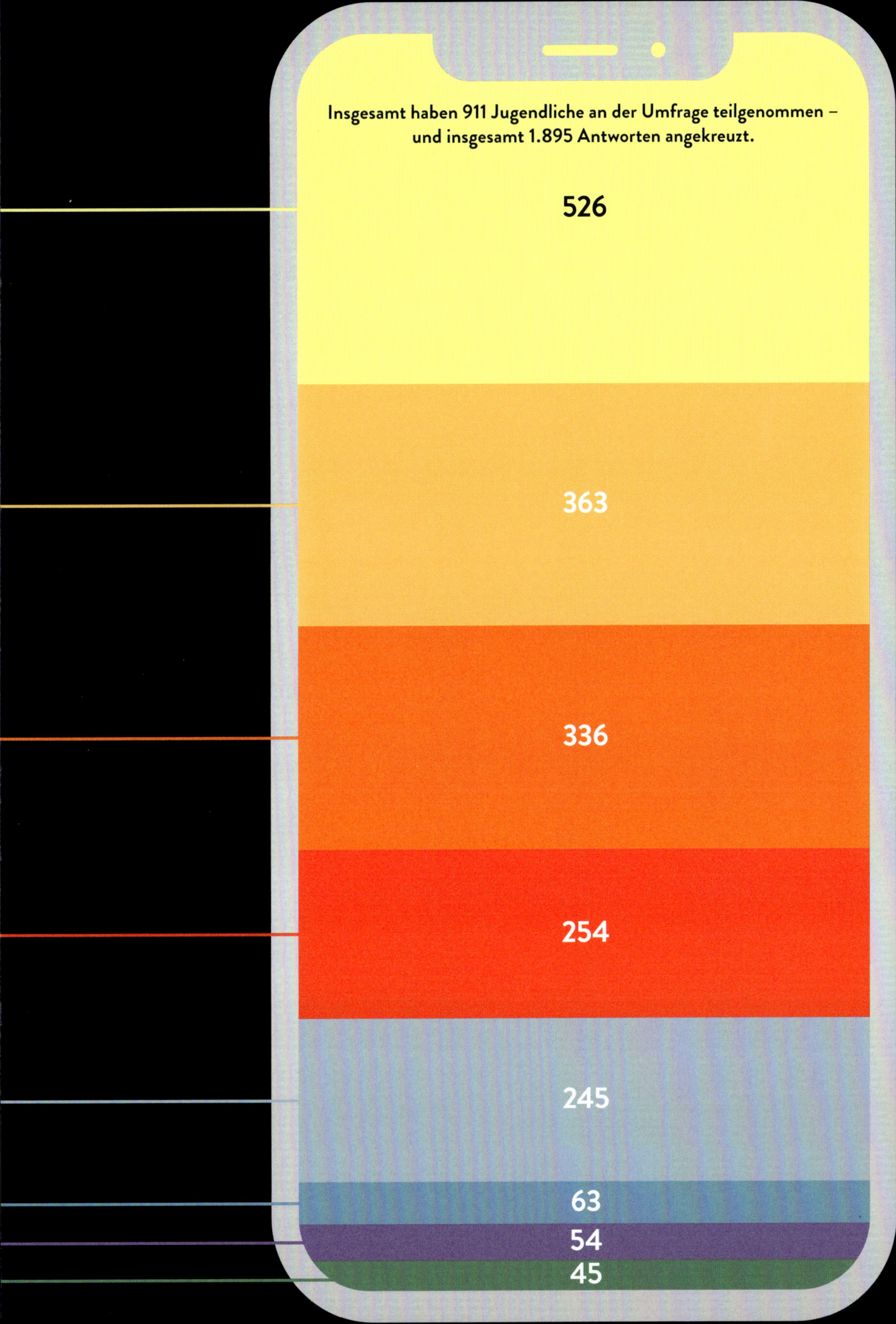
Insgesamt haben 911 Jugendliche an der Umfrage teilgenommen –
und insgesamt 1.895 Antworten angekreuzt.
526
363
336
254
245
63
54
45

WENIGER BIENEN, WENIGER FRÜCHTE

Wie viel weniger Obst und Früchte würden Pflanzen bringen, wenn Bienen fehlen?

Sehr viele Pflanzen brauchen die Bienen, damit an ihnen überhaupt Früchte wachsen. Die Bienen bestäuben diese Pflanzen nämlich, indem sie in die Blüten hineinkrabbeln. So transportieren sie die Pollen dorthin, wo sie hingehören. Die Grafik zeigt, wie sehr die Ernte einbrechen würde, wenn es kaum noch Bienen in Deutschland gäbe. Noch ist es zum Glück nicht so weit!

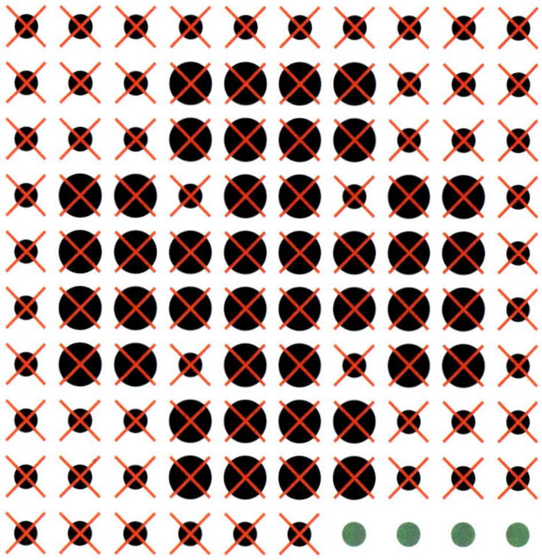

Rotklee 96 Prozent weniger

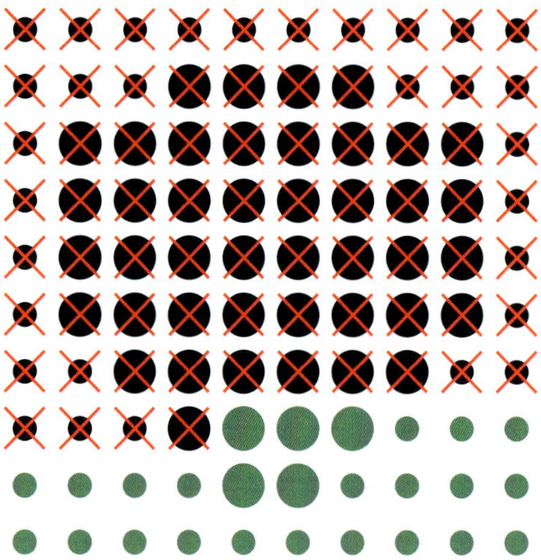

Buchweizen 74 Prozent weniger

Es ist jeweils in Prozent angegeben, wie viel weniger Obst und Früchte es geben würde.

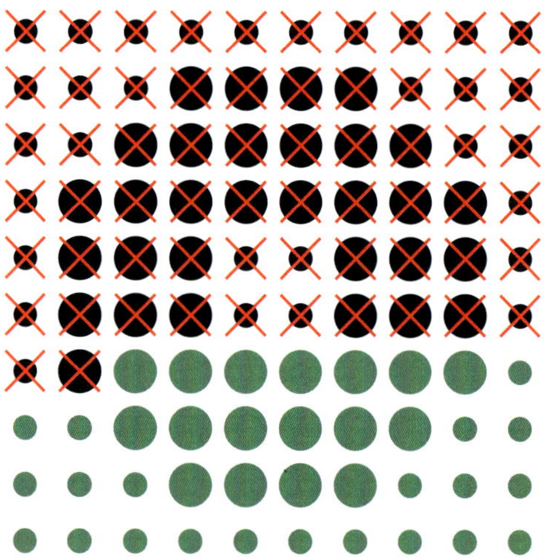

Sonnenblume bis zu 62 Prozent weniger

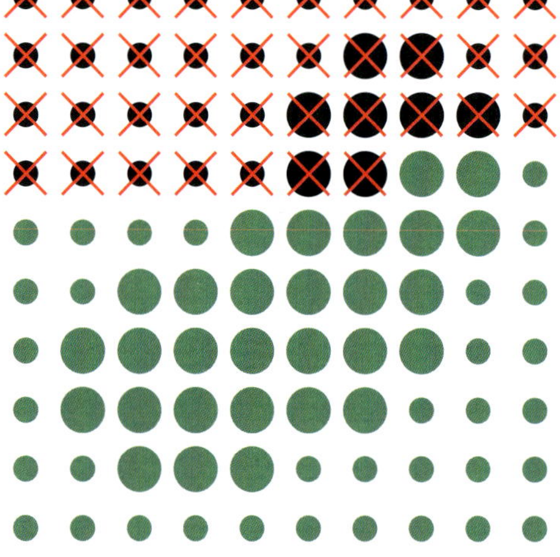

Ackerbohne 37 Prozent weniger

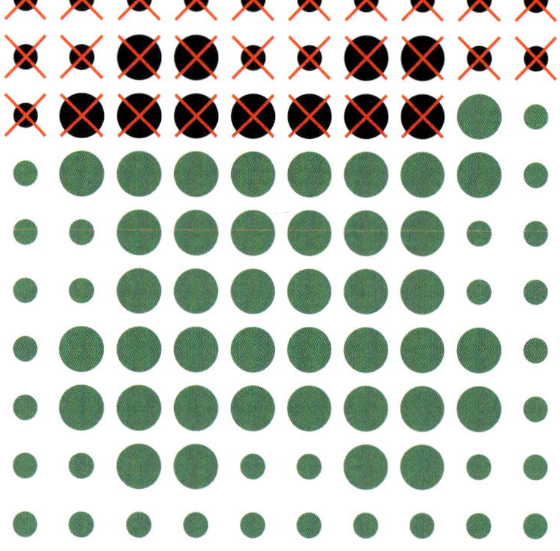

Raps 28 Prozent weniger

Quelle: Agrar-Atlas 2019 des BUND und der Heinrich-Böll-Stiftung/BfN

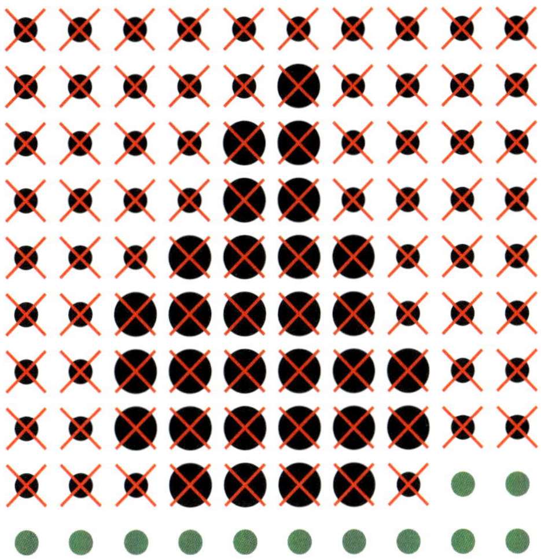

Birne bis zu 88 Prozent weniger

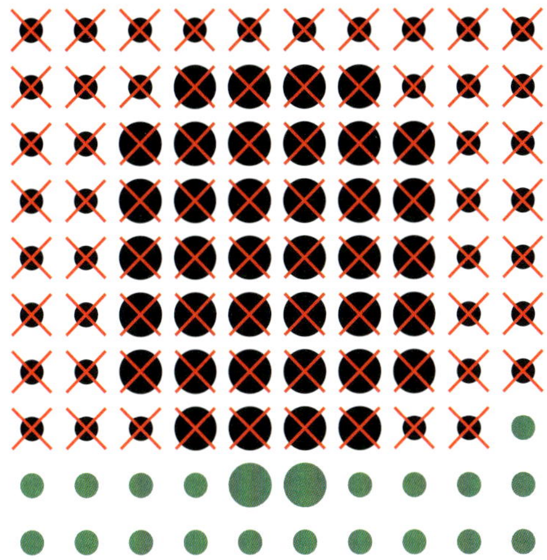

Pflaume 79 Prozent weniger

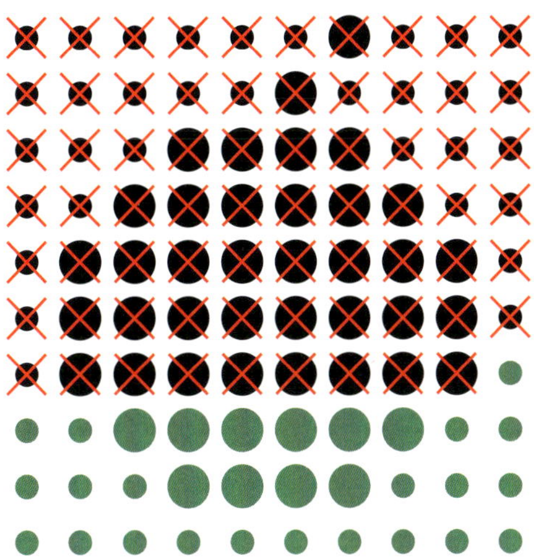

Apfel bis zu 69 Prozent weniger

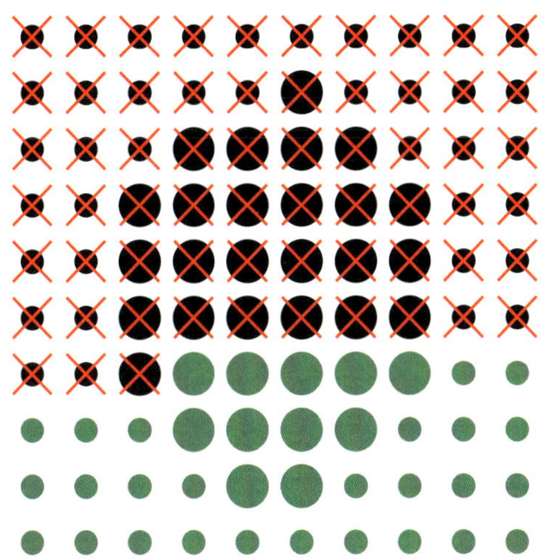

Stachelbeere 63 Prozent weniger

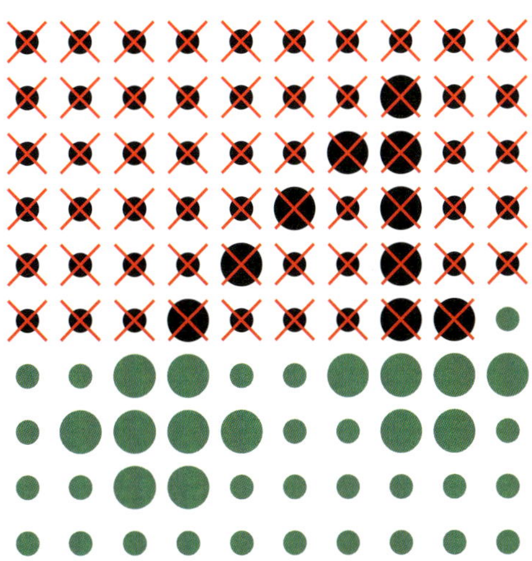

Kirsche 59 Prozent weniger

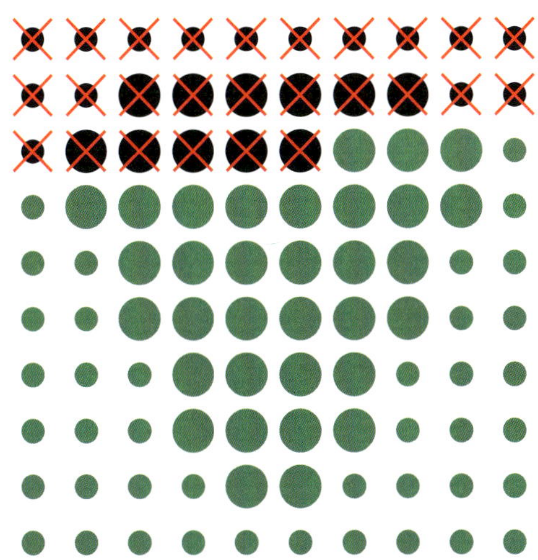

Erdbeere 26 Prozent weniger

GUTE BILDUNG, SCHLECHTE WIRKUNG

Menschen mit verschiedenen Bildungsabschlüssen im Vergleich – wer pustet mehr Kohlendioxid in die Luft?

Angaben in Kilogramm CO_2 pro Jahr

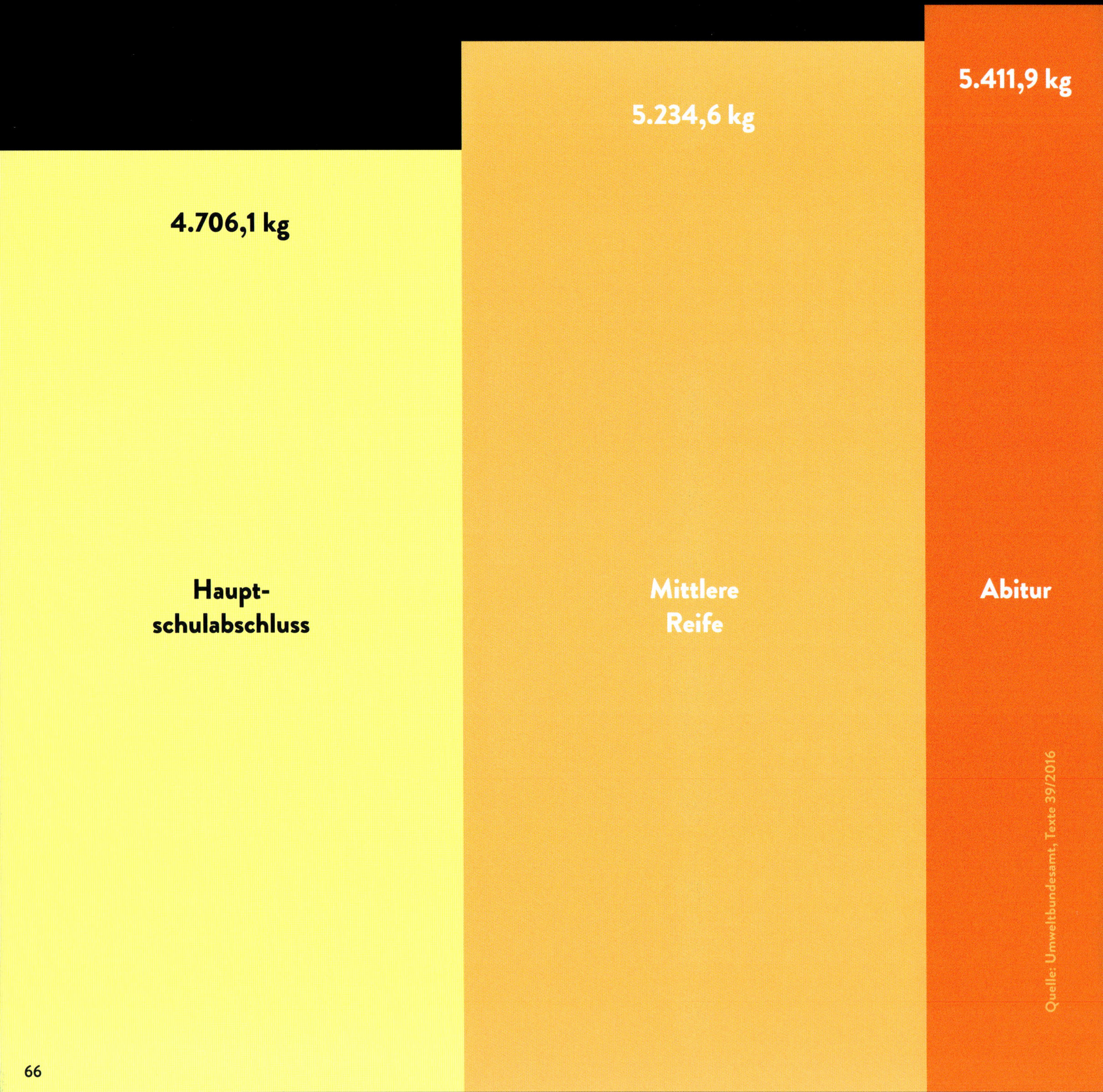

6.552,8 kg

Ganz ehrlich: Hättest du das gedacht? Dass jemand mit Abitur mehr CO_2 verursacht als jemand, der einen Hauptschulabschluss hat? Bildung hilft offenbar nicht immer. Der Grund dafür ist ganz einfach: Wer Abitur gemacht oder sogar studiert hat, verdient meist mehr. Er oder sie gibt dann auch mehr aus – für Kleidung, größere Wohnungen, Autos und Flugreisen.

4.709,2 kg

Hochschul-abschluss

kein Schul-abschluss

DIE ÖKOBILANZ EINES E-SCOOTERS

Woraus besteht ein elektrischer Roller – und wie wirken diese Bestandteile aufs Klima?

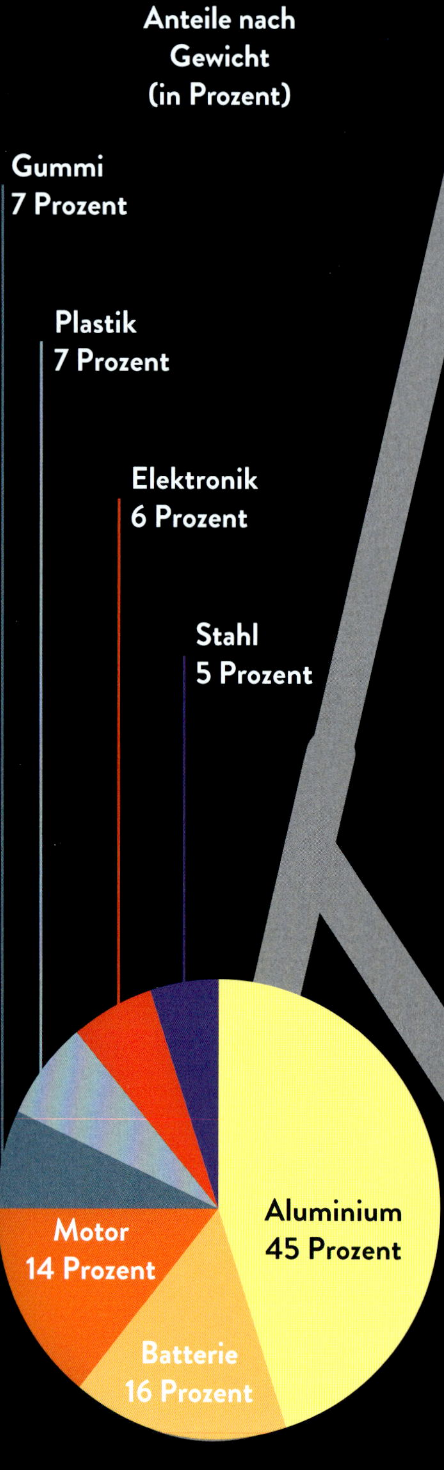

Wie ihr seht, besteht so ein Scooter vor allem aus Aluminium. Und dieses Aluminium hat auch einen besonders großen Anteil daran, dass die Ökobilanz so eines E-Scooters nicht gerade gut ausfällt. Es sei denn, man würde ihn sehr lange nutzen. Wenn der E-Scooter jedoch schon nach einem halben Jahr Schrott ist – etwa, weil er als Leihgerät dauernd hingeworfen wird –, ist das gar nicht gut. Dann ist die Umweltbilanz dieses kleinen Fahrzeugs pro Kilometer und Person sogar schlechter als die eines Autos.

Quellen: „Life Cycle Assessment on the Mobility Service E-Scooter Sharing“, Uni Bochum und Deutsche Energie-Agentur, 2020

ERHÖHTE TEMPERATUR

Um so viel Grad Celsius lagen die Temperaturen in Deutschland zuletzt über dem langjährigen Durchschnitt.

Wir vergleichen die jährliche Durchschnittstemperatur des Jahres mit dem vieljährigen Mittel. Dieses liegt bei 8,2 Grad.

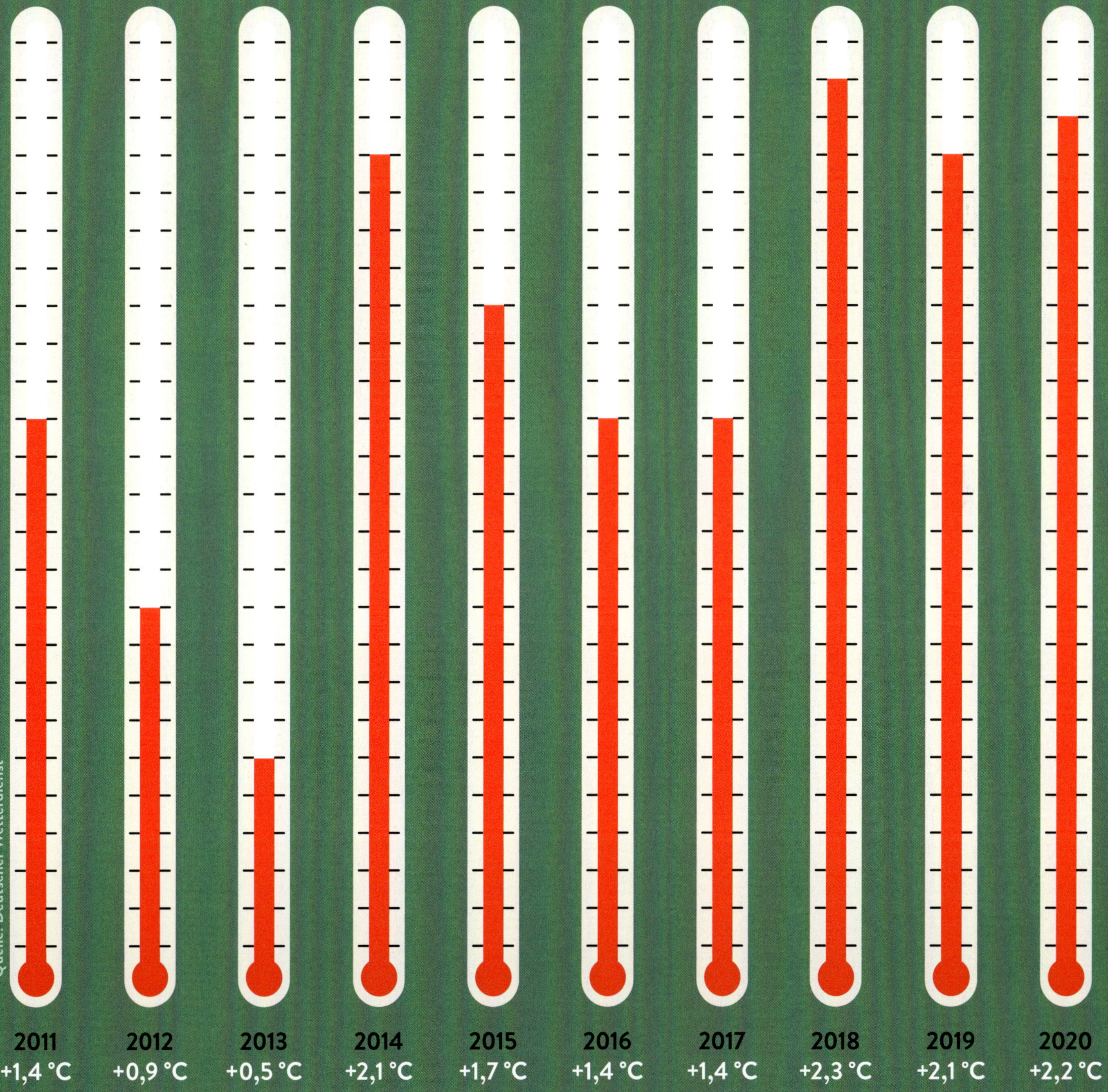

Quelle: Deutscher Wetterdienst

So warm wie 2018 war es in Deutschland, seit Menschen die Temperatur messen, noch nicht: 10,5 °C im Schnitt statt 8,2 °C! Das ist ein ganz gewaltiger Unterschied. Der Klimawandel ist also in Deutschland längst angekommen. Er findet nicht nur am Nordpol oder am Südpol statt.

NATÜRLICHES ARTENSTERBEN – UND ARTENSTERBEN, VOM MENSCHEN GEMACHT

Wie viele Wirbeltierarten – also Tiere mit Wirbelsäule – wären natürlich ausgestorben und wie viele sind es tatsächlich seit dem Jahr 1900?

Dass Tiere aussterben, ist auch ein natürlicher Prozess. Er passiert nur viel, viel langsamer, als wenn der Mensch eingreift, wie er es gerade macht. Wissenschaftler und Wissenschaftlerinnen schätzen, dass in den letzten 120 Jahren nur 9 Wirbeltiere ausgestorben wären. Tatsächlich waren es aber … na ja, ihr seht schon.

Natürlich: 9 Arten

Quelle: BBC

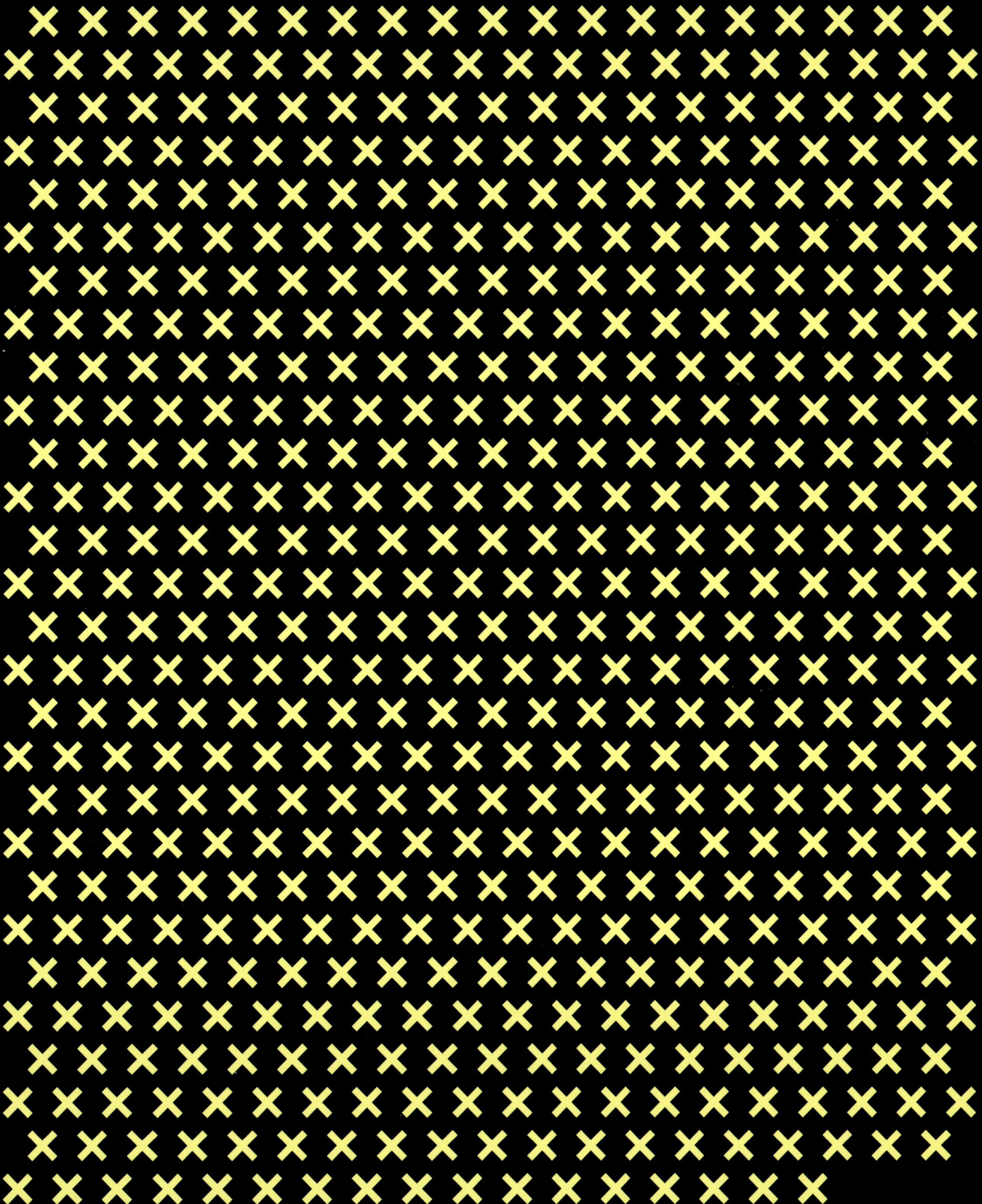

Tatsächlich: ca. 543 Arten

Quellen: bmu-kids.de und eigene Berechnungen

PLASTIK PRO MENSCH IM MEER

Wie viele Joghurtbecher pro Mensch auf der Erde entsprechen dem Plastikmüll im Meer?

„In den Meeren werden mindestens 150 Millionen Tonnen Plastikabfall vermutet, der in riesigen Müllstrudeln zirkuliert“ – so ist es auf den Kinderseiten des Bundesumweltministeriums zu lesen. Eine unvorstellbar große Zahl. Damit man sie sich vorstellen kann, haben wir sie einmal in Plastik-Joghurtbecher umgerechnet. Ein solcher Becher wiegt etwa 3,5 Gramm. Kleiner Hinweis: Natürlich schwimmen in den Meeren nicht nur Joghurtbecher, sondern auch alle anderen Arten von Plastikmüll.

WÄHLEN UND FLIEGEN

Die Anhänger welcher Partei benutzen am häufigsten das Flugzeug?

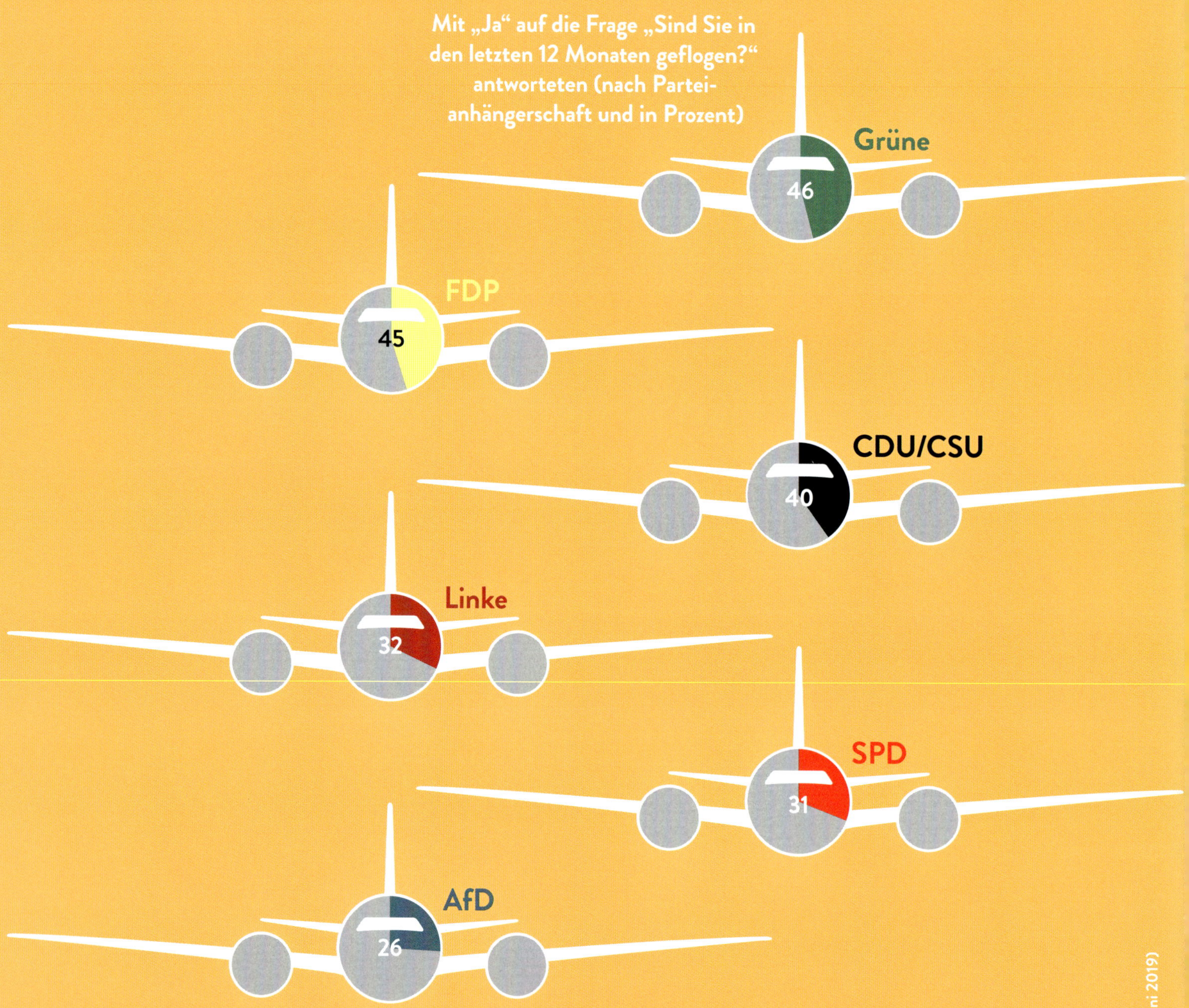

Wir zeigen hier eine Umfrage. Bei Umfragen muss man immer vorsichtig sein. Es werden nämlich nicht alle gefragt, sondern meist nur ein paar Hundert Leute. Stichprobe nennt man das. Deshalb können Umfragen immer auch irren. Ob zum Beispiel die Wählerinnen und Wähler der Grünen wirklich öfter fliegen als die der FDP, nur weil sie um einen Prozentpunkt führen, das ist alles andere als sicher. Relativ sicher ist aber schon, dass sie öfter fliegen als Wählerinnen und Wähler der AfD oder SPD. Komisch, oder? Wo doch die AfD nicht gerade für Umweltschutz steht. Vermutlich hat es damit zu tun, dass Grünen-Wähler oft mehr Geld haben. Sie können sich einen Flug also eher leisten. Und vergessen womöglich beim Ticketbuchen die Umwelt. Oder sie reden sich das Fliegen schön: „Ach, das Flugzeug fliegt doch sowieso…“ – zum Beispiel. Selbstbetrug nennt man das. Auch Erwachsene sind nicht immer konsequent – und nicht immer streng mit sich selbst.

Quelle: Forschungsgruppe Wahlen (Juni 2019)

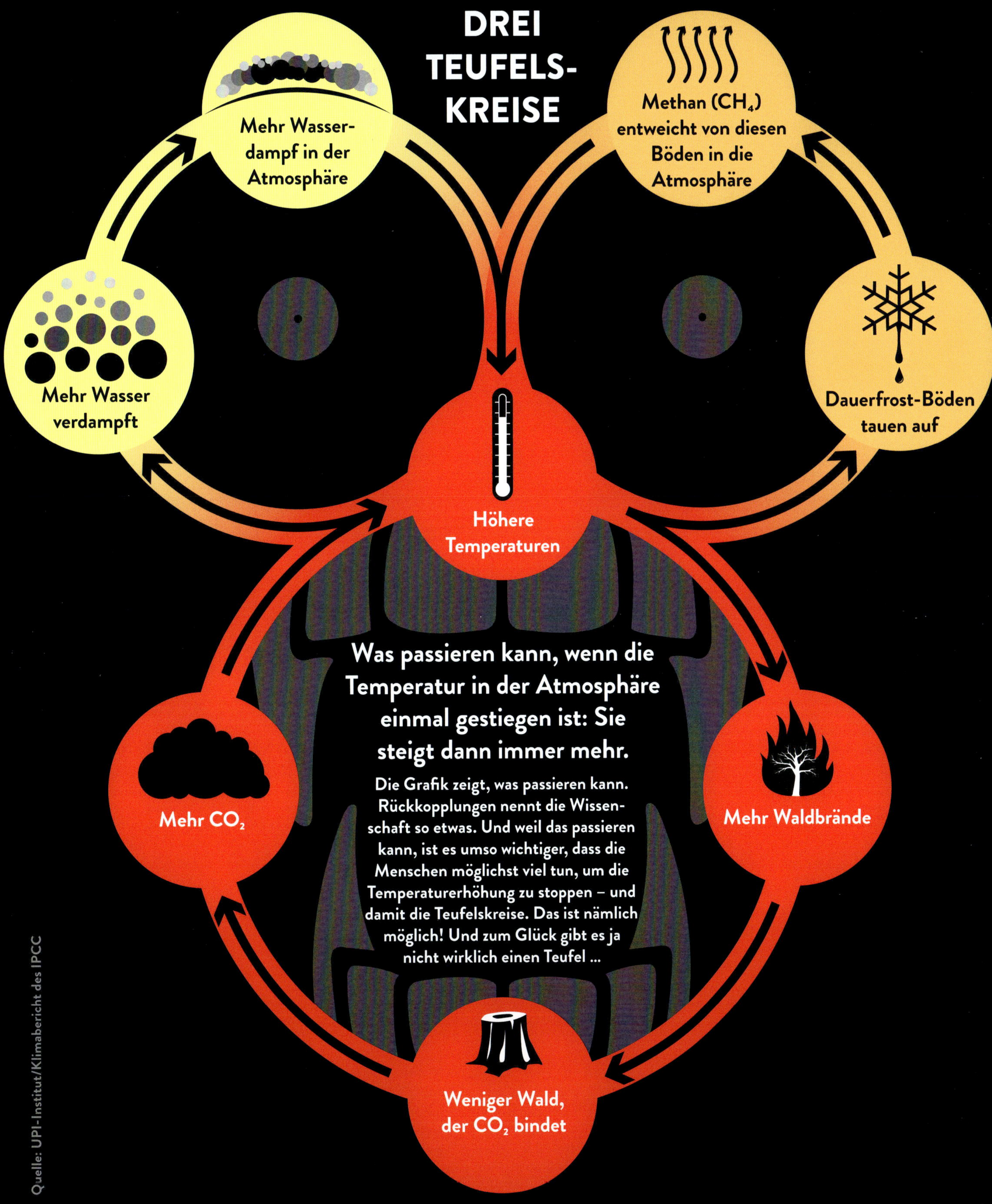

Quelle: UPI-Institut/Klimabericht des IPCC

TRUMPS UMWELTSÜNDEN

Donald Trump war vier Jahre lang Präsident der USA – bis Januar 2021.
Hier einige Gesetze, die er in dieser Zeit beschlossen hat.

AUTOS DÜRFEN MEHR TREIBHAUSGASE PRODUZIEREN | MEH
FEN MEHR TREIBHAUSGASE PRODUZIEREN | AUSTRITT DER USA AU
ZUR ABWENDUNG DES KLIMAWANDELS, DER VON FAST 200 STA
WENIGER DEUTLICH REDUZIERT | SCHUTZ VOR UMWELTGIFTEN WIR
UND WILDNISGEBIETEN | WENIGER SCHUTZ VOR GIFTIGEN VERBI
OZONBELASTUNG ERLAUBT | AUSPUFFGASE VON AUTOS WERDE
GASBEHÄLTERN UND ÖLTANKS | EIN TEIL DES RIESIGEN ARCTIC N
UND GAS FREIGEGEBEN WERDEN | IM TONGASS NATIONAL FORES
GEFÄLLT UND NEUE STRASSEN GEBAUT WERDEN | BAU EINER RI
SCHUTZ AUF BUNDES- UND INDIANERLAND | OZEANE UND KÜSTE
MEHR SO STRENG GEREGELT | STRASSENBAU WIRD ERLEICHTER
SCHÜTZT | WILDTIERE VOR LANGFRISTIGEN BEDROHUNGEN DURC
UND TIERE WENIGER GESCHÜTZT | LOCKERUNG DES UMWELTSCHU
EINSATZ VON BLEIMUNITION BEIM JAGEN WIEDER ERLAUBT | RAU
KÖDER WIE FETTGETRÄNKTE DONUTS WIEDER ERLAUBT, UM GRIZ
SCHÜTZTEN MEERESSCHUTZGEBIET SÜDÖSTLICH VON CAPE CO
TIERE BEHEIMATET, WIEDER ERLAUBT | GRÖSSERE GEFAHR FÜ
DER WESTKÜSTE LEICHTER MIT SCHWERTFISCHERNETZEN GETÖT
TEN THUN, EINER THUNFISCHART, ERLAUBT | TEILE VON ZUGVÖGEL
ALASKAS VERWENDET WERDEN | WENIGER SCHUTZ FÜR FEUCHTG
DER IN FLÜSSE LEITEN | WENIGER GRUNDWASSERSCHUTZ FÜR URA
IM ZUSAMMENHANG MIT ENTWICKLUNGSSTÖRUNGEN BEI KINDER
LIEN WIE LÖSUNGSMITTELN FÜR DIE CHEMISCHE REINIGUNG | W
NANNTE KUPFERFILTERKUCHEN, EIN AUS SCHWERMETALLEN BEST
MEHR ALS GEFÄHRLICHER ABFALL | ENERGIESPARLAMPEN WURDE
WENIGER ENERGIESPAREND SEIN | SAND AUS GESCHÜTZTEN ÖKO
MEHR AN DEN GREEN CLIMATE FUND, EIN PROGRAMM DER VEREIN
LENSTOFFDIOXID-AUSSTOSS ZU REDUZIEREN | VERKAUF VON PLA

Quelle: New York Times/ unvollständige Liste, freie, nicht wörtliche Übersetzung

Abstimmen bei Wahlen dürfen in der Regel nur Erwachsene ab 18 Jahren. So ist das auch in den USA. Viele Erwachsene sagen: „Ach, wen ich wähle, das spielt doch keine große Rolle! Politiker machen doch eh alle dasselbe." Im Falle von Donald Trump, der seit Januar 2021 nicht mehr im Amt ist, kann man das ganz sicher nicht sagen. Er hat so viele Gesetze angeschoben, die schlecht für die Umwelt und das Klima sind, dass es einen ganz schön schütteln kann. Es kommt durchaus darauf an, was man wählt – wenn man 18 ist und die Chance dazu hat.

UECKSILBER-EMISSIONEN ERLAUBT | KOHLEKRAFTWERKE DÜR-
M PARISER KLIMAABKOMMEN, EINEM INTERNATIONALEN PLAN
N ANGENOMMEN WURDE | METHANGAS-EMISSIONEN WERDEN
ERRINGERT | WENIGER SCHUTZ FÜR DIE LUFT IN NATIONALPARKS
JNGEN, DIE AUS GROSSEN KÜHLANLAGEN AUSTRETEN | MEHR
ENIGER STRENG KONTROLLIERT | WENIGER SCHUTZ VOR LECKS IN
ONAL WILDLIFE REFUGE IN ALASKA SOLL ZUM BOHREN NACH ÖL
ASKA, EINEM GROSSEN INTAKTEN REGENWALD, SOLLEN BÄUME
GEN ERDÖL-PIPELINE WURDE GENEHMIGT | WENIGER WASSER-
ERDEN WENIGER GESCHÜTZT | ÖLBOHRUNGEN IM MEER NICHT
E NÖRDLICHE BERINGMEERREGION ALASKAS WIRD WENIGER GE-
EN KLIMAWANDEL WENIGER GESCHÜTZT | BEDROHTE PFLANZEN
S FÜR LACHS UND STINT IM KALIFORNISCHEN CENTRAL VALLEY |
ERJAGD IN DEN SCHUTZGEBIETEN ALASKAS WIEDER ERLAUBT |
BÄREN ANZULOCKEN UND ZU TÖTEN | FISCHFANG IN EINEM GE-
AS SELTENE KORALLEN UND EINE REIHE GEFÄHRDETER MEERES-
EERESSÄUGER UND MEERESSCHILDKRÖTEN – SIE KÖNNEN AN
DER VERLETZT WERDEN | MEHR BEIFANG VON ATLANTISCHEM RO-
ÜRFEN WIEDER FÜR DAS KUNSTHANDWERK DER UREINWOHNER
ETE | KOHLEUNTERNEHMEN DÜRFEN IHRE BERGBAUABFÄLLE WIE-
ERGWERKE | KEIN VERBOT VON CHLORPYRIFOS, EIN PESTIZID, DAS
TEHT | WENIGER SCHUTZ VOR POTENZIELL TOXISCHEN CHEMIKA-
IGER SCHUTZ VOR EXPLOSIONEN IN CHEMIEFABRIKEN | DER SOGE-
ENDES NEBENPRODUKT DER ELEKTRONIKFERTIGUNG, GILT NICHT
ICHT MEHR SO STARK GEFÖRDERT | GESCHIRRSPÜLER MÜSSEN
YSTEMEN DARF WIEDER ABGEBAUT WERDEN | KEINE ZAHLUNGEN
EN NATIONEN, DAS ÄRMEREN LÄNDERN HELFEN SOLL, DEN KOH-
KTRINKFLASCHEN IN NATIONALPARKS DOCH NICHT VERBOTEN

REITEN – LEIDER KEIN KLIMANEUTRALES HOBBY

Wir zeigen hier mal, warum das Reiten so viel CO_2 verursacht.

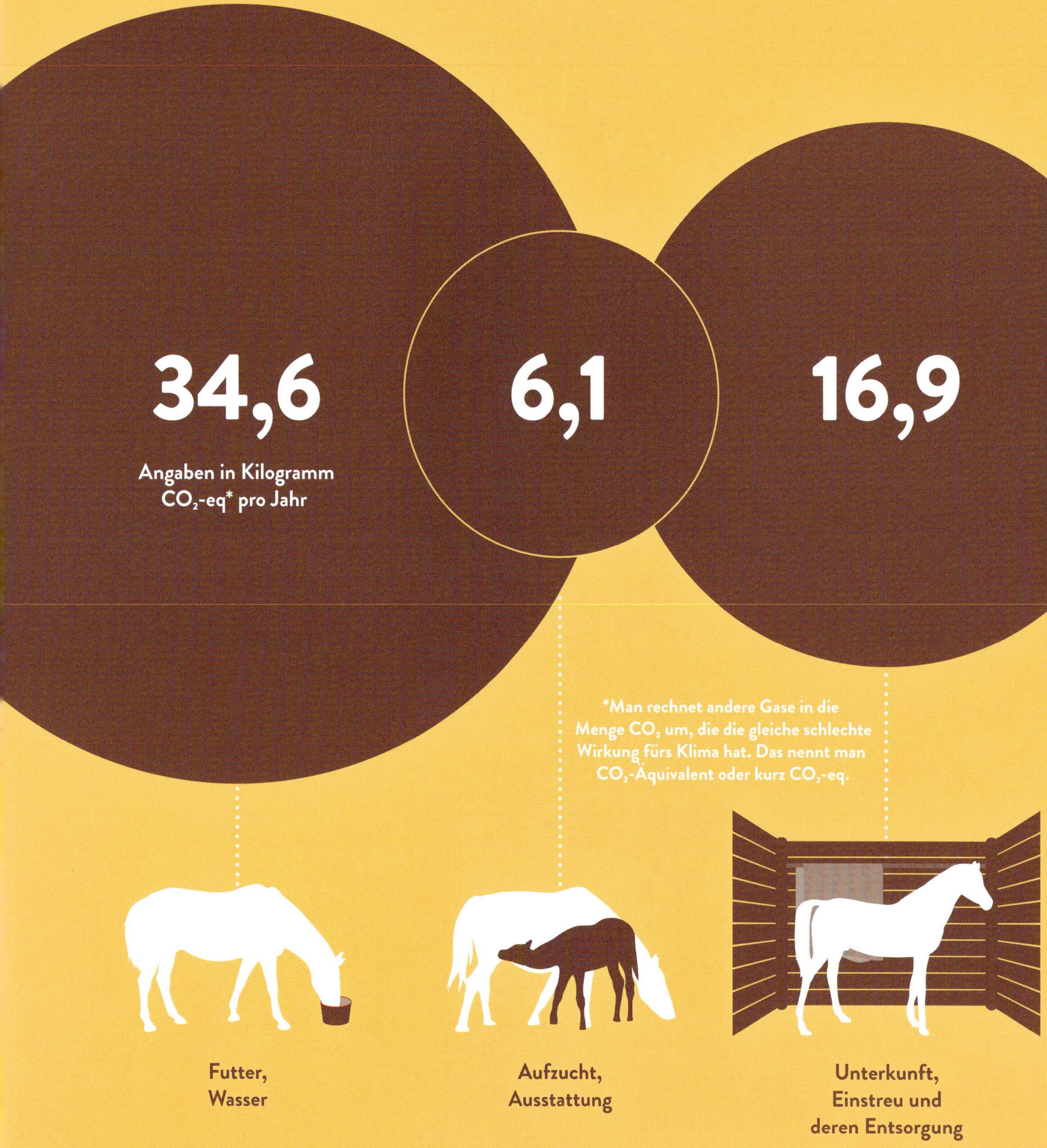

*Man rechnet andere Gase in die Menge CO_2 um, die die gleiche schlechte Wirkung fürs Klima hat. Das nennt man CO_2-Äquivalent oder kurz CO_2-eq.

Quelle: J. Annaheim, N. Jungbluth: Ökobilanz von Pferden und anderen Haustieren

Natürlich ist es schön, mit dem Pferd in der Natur zu sein. Aber ob sich die Natur auch freut, ist eine andere Frage. Pferdefreundinnen und -freunde müssen jetzt tapfer sein: So ein großes Tier zu halten, verursacht viele klimaschädliche Gase, weil es viel Futter und Platz braucht. Da die Autofahrt zum Reiterhof auch einen großen Anteil daran hat: Vielleicht kannst du ja auch mit der Bahn oder dem Fahrrad dorthin kommen?

DIE 100-GRAD-FRAGE

Man kann in der Küche 1 Liter Wasser auf viele Weisen zum Kochen bringen – welche verbraucht am wenigsten Energie?

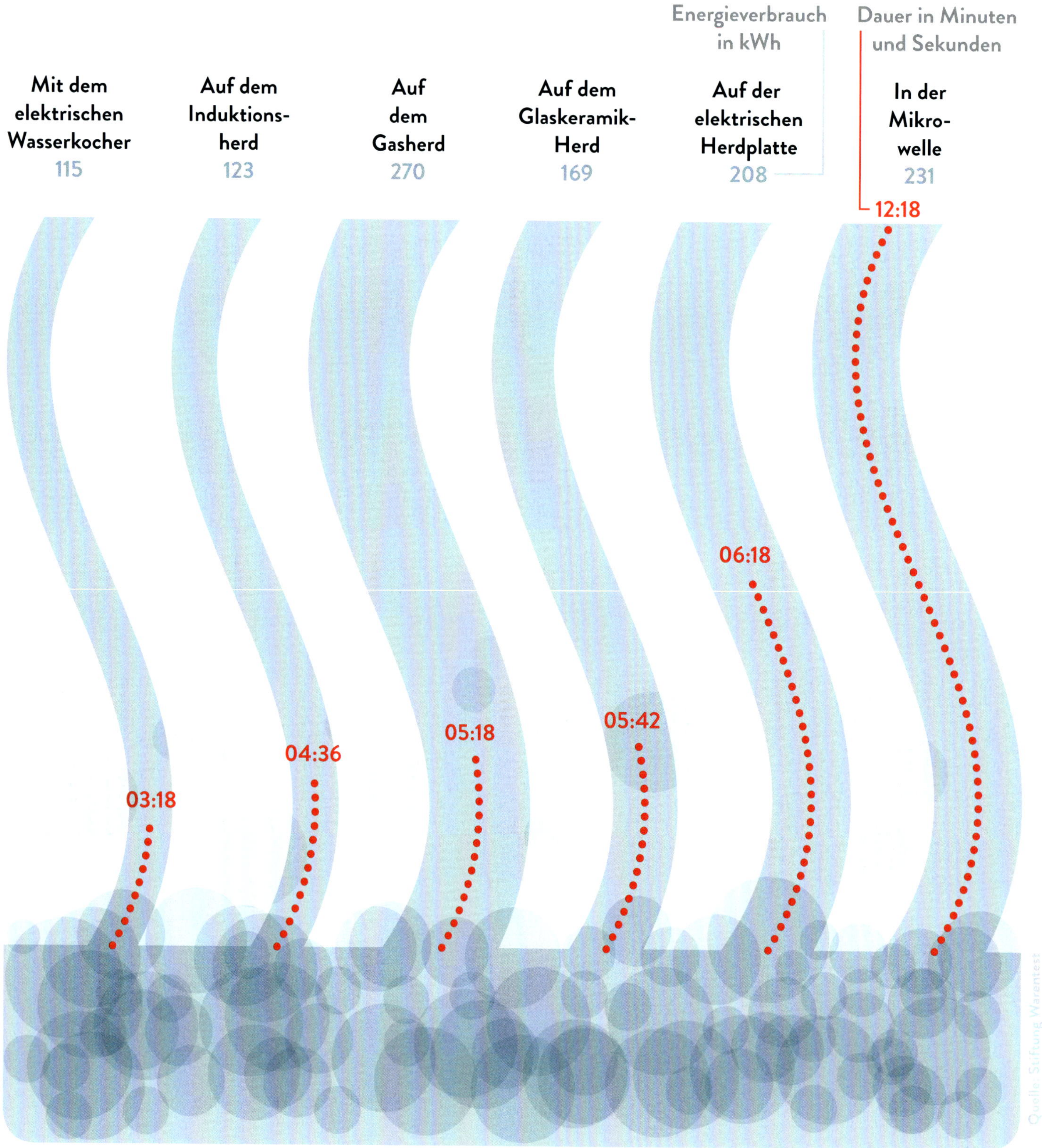

WENN SICH ERWACHSENE ZIELE SETZEN

Diese Ziele haben sich 193 Staaten der Welt im Jahr 2010 gesetzt, um die Artenvielfalt zu bewahren. Die Ziele sollten bis 2020 alle erfüllt sein. Wir zeigen, was aus ihnen wurde.

Die Konferenz fand in Aichi in Japan statt. Deshalb heißen diese 20 Ziele auch Aichi-Ziele. Es sind also nicht irgendwelche Ziele, sondern richtig berühmte Ziele.

ERFÜLLT · MEHR ALS HALB ERFÜLLT · NUR HALB ERFÜLLT · EHER NICHT ERFÜLLT · GAR NICHT ERFÜLLT · UNBEKANNT

Die Menschen sollen verstehen, wie wichtig die Artenvielfalt ist – also, dass es viele verschiedene Arten gibt.	NUR HALB ERFÜLLT
Armut soll so bekämpft werden, dass Arten dabei geschützt werden.	EHER NICHT ERFÜLLT
Es soll sich lohnen für Firmen, die Artenvielfalt zu schützen, und sich nicht mehr lohnen, Arten zu zerstören.	GAR NICHT ERFÜLLT
Regierungen und Unternehmen sollen Pläne umsetzen, um nachhaltigen Konsum zu erreichen.	GAR NICHT ERFÜLLT
Wälder und andere natürliche Lebensräume sollen nicht weiter zerstört werden.	GAR NICHT ERFÜLLT
Fische sollen so gefischt werden, dass die Arten nicht bedroht werden.	GAR NICHT ERFÜLLT
Bauern und Förster sollen nachhaltig wirtschaften.	EHER NICHT ERFÜLLT
Umweltverschmutzungen sollen auf ein erträgliches Maß reduziert werden.	GAR NICHT ERFÜLLT
Gefährliche eingeschleppte Arten, die dem Ökosystem schaden, sollen bekämpft werden.	EHER NICHT ERFÜLLT
Korallenriffe sollen geschont und die Versauerung der Meere gestoppt werden.	GAR NICHT ERFÜLLT
Es soll ausreichend viele Wasserschutzgebiete im Meer und an Land geben.	MEHR ALS HALB ERFÜLLT
Das Aussterben von Arten soll gestoppt werden und die gefährdeten Arten sollen stabilisiert werden.	GAR NICHT ERFÜLLT
Es soll Pläne geben, wie die Vielfalt von Ackerpflanzen und Nutztieren gewahrt wird.	NUR HALB ERFÜLLT
Ökosysteme, die der ärmeren Bevölkerung nutzen, werden wiederhergestellt.	GAR NICHT ERFÜLLT
Geschädigten Ökosystemen soll es besser gehen, um den Klimawandel abzuschwächen.	UNBEKANNT
Genetische Ressourcen sollen fair verteilt werden.	MEHR ALS HALB ERFÜLLT
In jedem Land soll es eigene Pläne geben, was zu tun ist, um die Arten zu schonen.	MEHR ALS HALB ERFÜLLT
Die bekannten Traditionen der Bevölkerung, die wichtig sind für die Umwelt, werden geachtet und gestärkt.	GAR NICHT ERFÜLLT
Was Wissenschaft und Technik über den Artenschutz wissen, daran hält man sich.	GAR NICHT ERFÜLLT
Es soll viel mehr Geld geben für Pläne zum Artenschutz.	GAR NICHT ERFÜLLT

Quelle: IPBES, The Global Assessment Report on Biodiversity and Ecosystem Services

DAS GEHEIMNIS DER 87 GUMMIBÄRCHEN

Wir zeigen, wie ein wöchentlicher Zutatenplan für eine Person aussehen könnte, der gut fürs Klima ist.

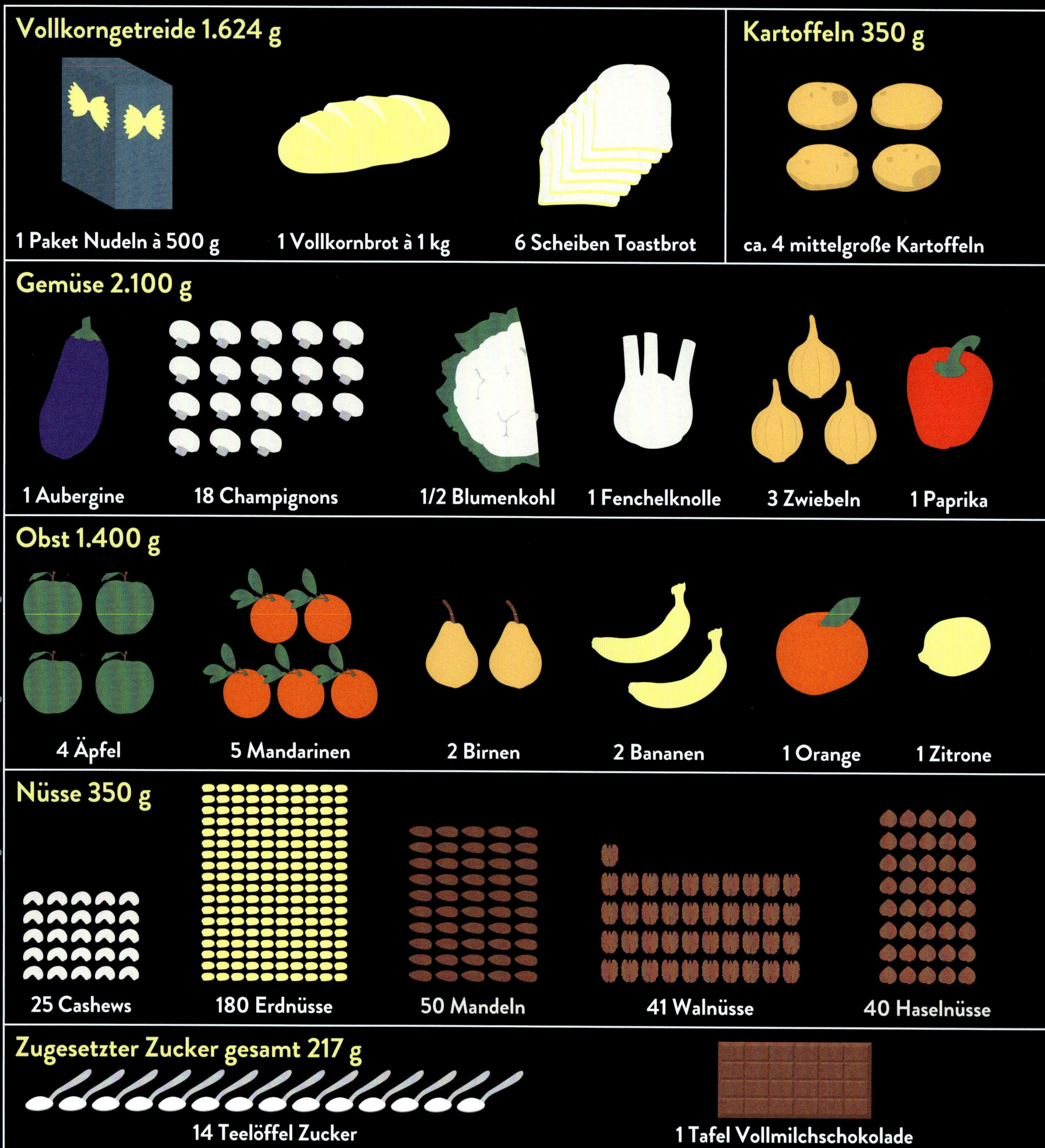

Quellen: Eat-Lancet-Kommission 2019, Stiftung Warentest 2020 und eigene Berechnung

Wie man isst, das wirkt sich aufs Klima aus. Rotes Fleisch, Butter und Zucker haben keine gute Klimabilanz. Gemüse, Obst, Nüsse und Hülsenfrüchte schon. Eine wissenschaftliche Kommission schlug deshalb vor, wie man sich ernähren sollte, um das Klima zu retten. Wir haben die Grammangaben mal in beispielhafte Lebensmittel umgerechnet. Alles sind also wirklich nur Beispiele! Es könnten auch andere Nüsse sein oder ein anderes Obst.

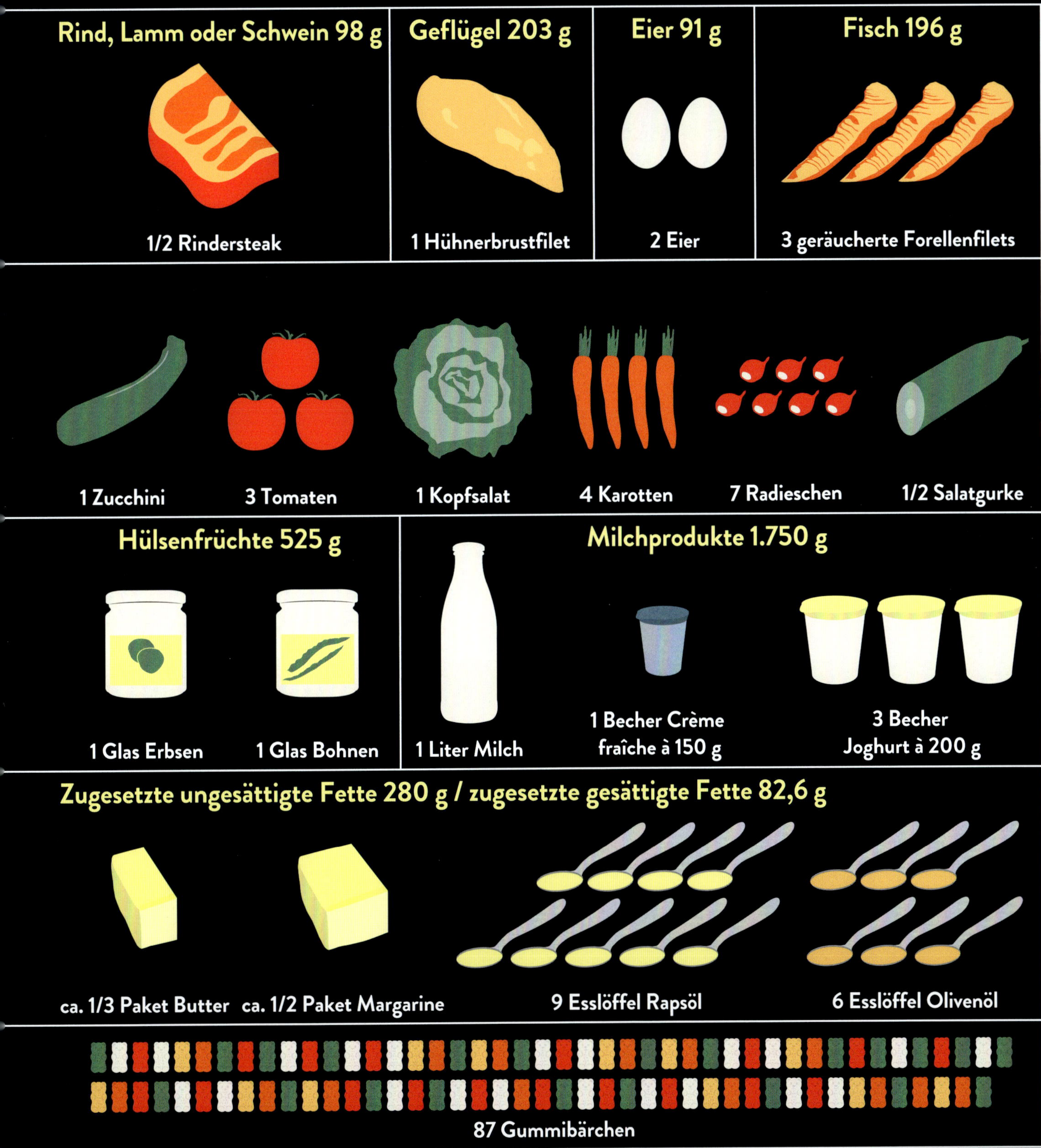

TSCHÜSS, KOHLE! HALLO, SONNE!

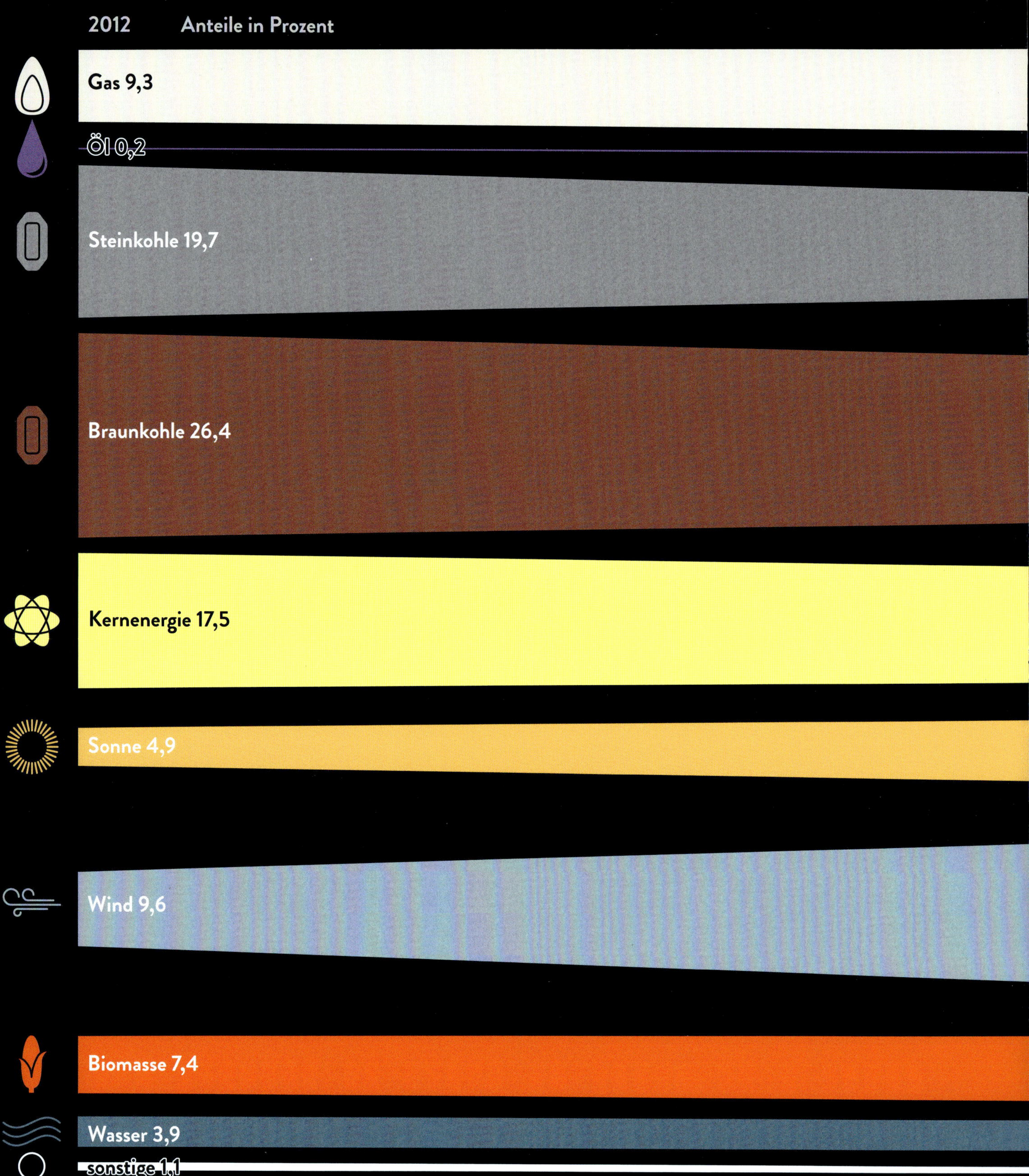

Quelle: Fraunhofer-Institut für Solare Energiesysteme (ISE)

Wie sich der sogenannte Strommix in Deutschland in den letzten Jahren verändert hat – also die Anteile der Arten, wie elektrischer Strom erzeugt wird.

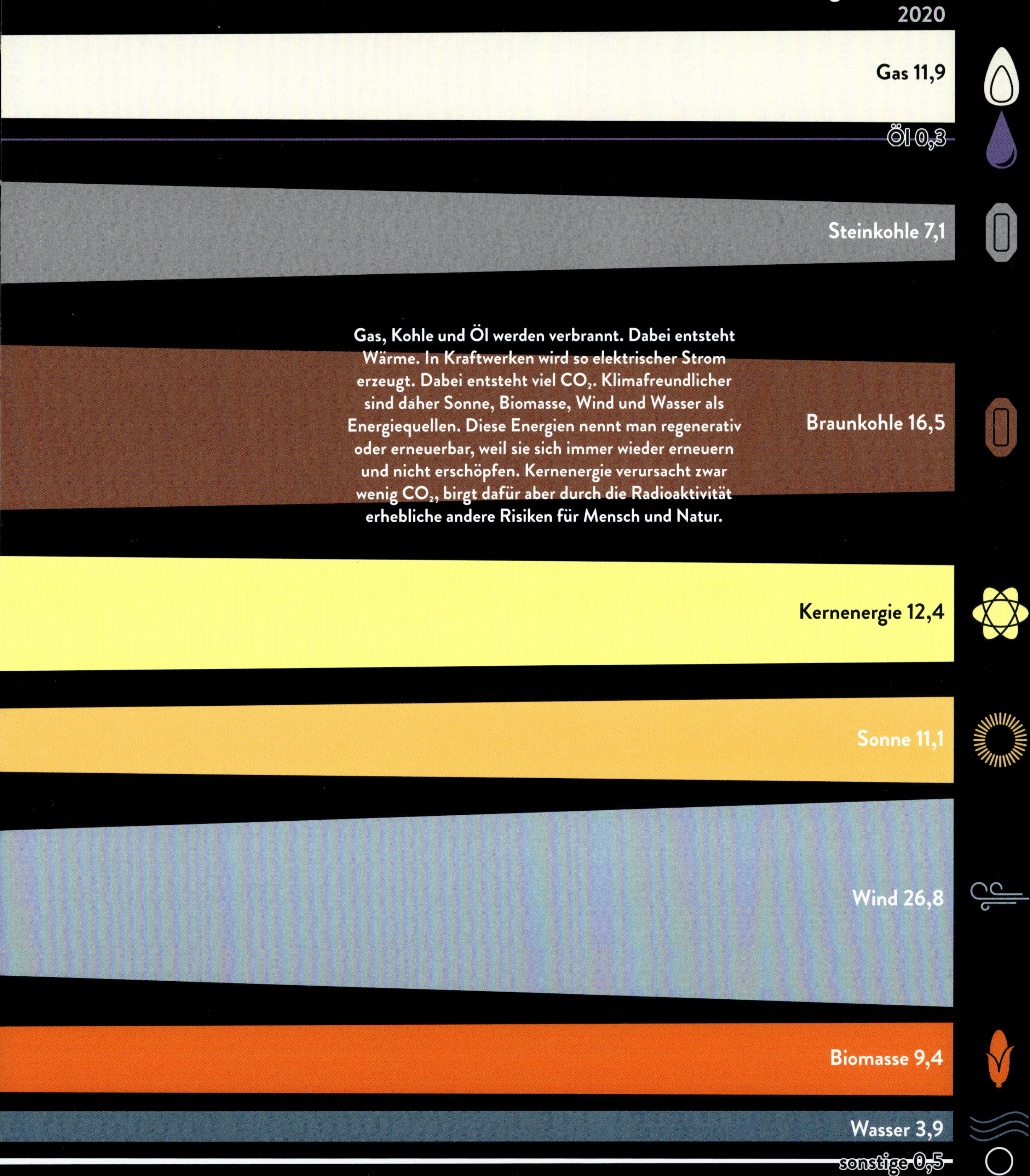

Gas, Kohle und Öl werden verbrannt. Dabei entsteht Wärme. In Kraftwerken wird so elektrischer Strom erzeugt. Dabei entsteht viel CO_2. Klimafreundlicher sind daher Sonne, Biomasse, Wind und Wasser als Energiequellen. Diese Energien nennt man regenerativ oder erneuerbar, weil sie sich immer wieder erneuern und nicht erschöpfen. Kernenergie verursacht zwar wenig CO_2, birgt dafür aber durch die Radioaktivität erhebliche andere Risiken für Mensch und Natur.

FLEISCH IM VERGLEICH

Wie viel CO_2 verursacht 1 Kilogramm Fleisch oder Fleischersatz?

Angegeben ist jeweils, wie viel Kilogramm CO_2-eq aus 1 Kilogramm Fleisch oder Fleischersatz resultiert.

Quelle: Umweltbundesamt

Viel Fleisch zu essen, ist nicht gut fürs Klima. Das liegt vor allem daran, dass für das Tierfutter sehr viel CO_2 freigesetzt wird – auch dadurch, dass für den Anbau dieses Futters Wälder abgeholzt werden. Rinder fressen besonders viel im Laufe ihres Lebens. Und außerdem setzen ihre Mägen Methan frei. Das ist ein Gas, das wie CO_2 das Klima bedroht. Man rechnet solche Gase dann um in die Menge CO_2, die die gleiche schlechte Wirkung fürs Klima hat. Das nennt man CO_2-Äquivalent oder kurz CO_2-eq.

Rindfleisch
30,5 kg

WENIGER ALS 1.000

Die bekannten 74 Säugetierarten, von denen es nur noch weniger als 1.000 Exemplare gibt.

Quelle: International Union for Conservation of Nature, 2019

STRASSE GEGEN SCHIENE

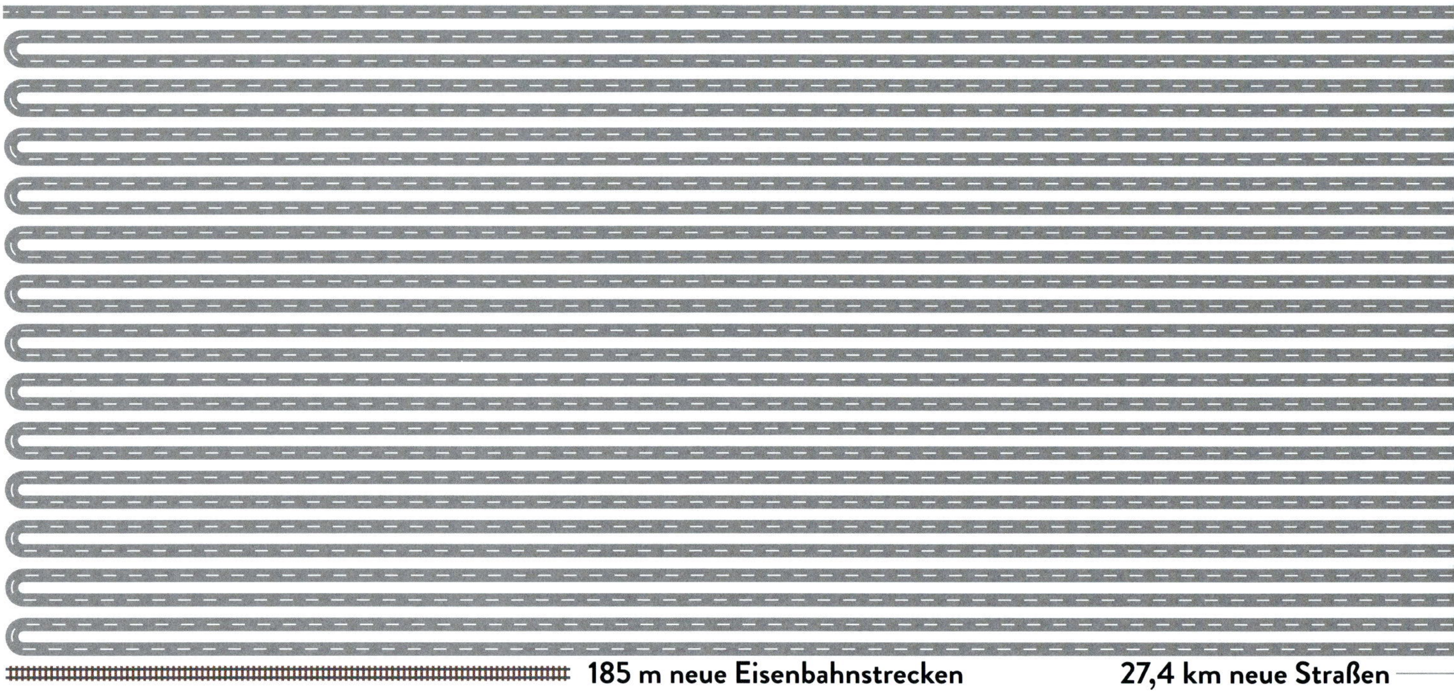

Quelle: Umweltbundesamt

Wie viele neue Straßen wurden in den letzten Jahren jeden Tag im Durchschnitt gebaut? Und wie viele neue Eisenbahnstrecken im Vergleich?

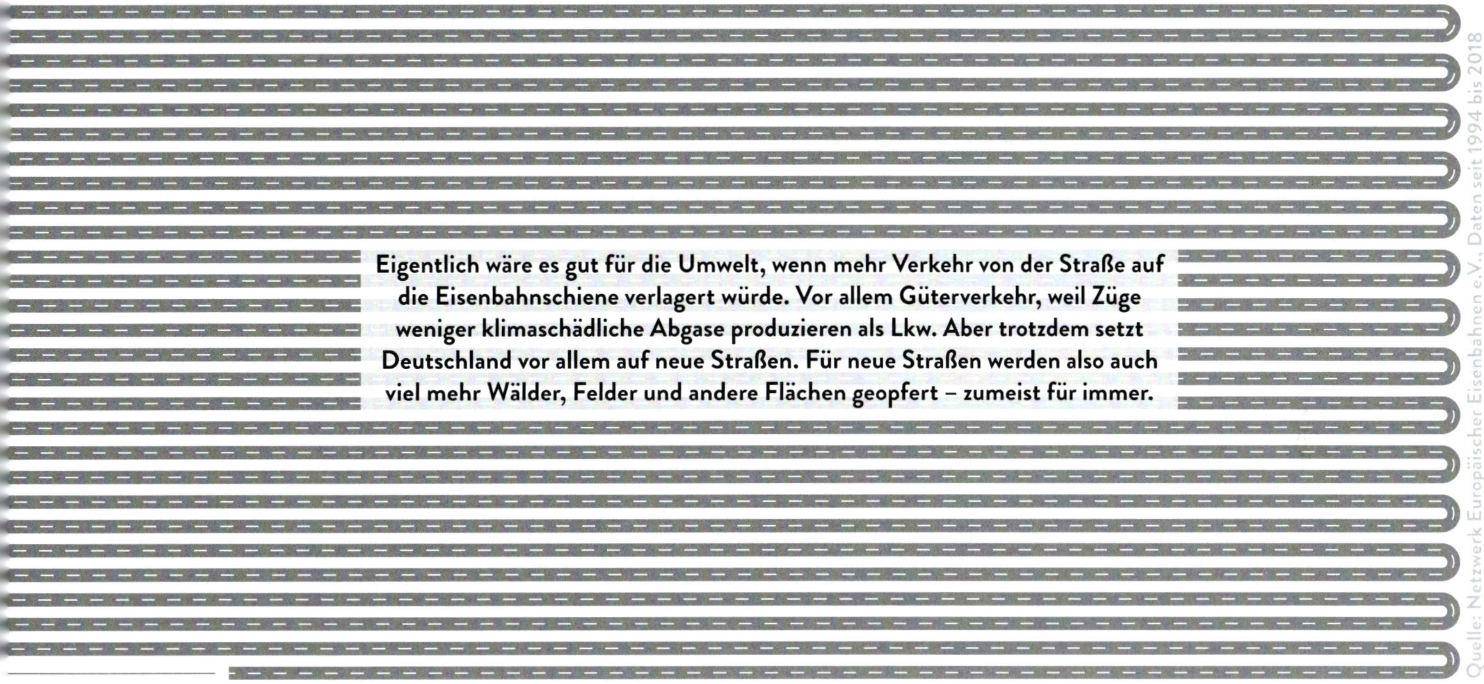

Eigentlich wäre es gut für die Umwelt, wenn mehr Verkehr von der Straße auf die Eisenbahnschiene verlagert würde. Vor allem Güterverkehr, weil Züge weniger klimaschädliche Abgase produzieren als Lkw. Aber trotzdem setzt Deutschland vor allem auf neue Straßen. Für neue Straßen werden also auch viel mehr Wälder, Felder und andere Flächen geopfert – zumeist für immer.

WIE BÖSE IST DAS ONLINE-SHOPPEN?

Online zu bestellen alleine macht den Kauf eines Produkts noch nicht böse – auch wenn eine Fahrt mit dem Rad zum Laden besser ist. Noch wichtiger ist, dass man nur kauft, was man wirklich braucht. Und dass das Produkt klimafreundlich hergestellt ist.

Jedoch: Der Anteil des CO_2, das beim Transport anfällt, beträgt nur 1 Prozent bis höchstens 10 Prozent des insgesamt anfallenden CO_2 im Lebenslauf eines Produkts.

ARMES SCHWEIN

Was verdienen Bäuerinnen und Bauern an der Aufzucht eines Schweins – gekauft als Ferkel, verkauft zum Schlachten?

Der Gewinn an einem Tier ist in 1-Cent-Stücken dargestellt. Es sind 250 Münzen. Der Gewinn beträgt nämlich nur 2,50 Euro.

Und weil Bäuerinnen und Bauern so wenig an einem Schwein verdienen, lohnt sich die Aufzucht oft nur für Großbetriebe. Denn nur von ein paar Schweinen kann kein Bauernhof überleben. Die Massentierhaltung hat dann Folgen für die Umwelt: Es entsteht zum Beispiel viel Gülle auf wenig Platz, das schadet dem Grundwasser. Und für die Tiere bedeutet es Stress und Frust.

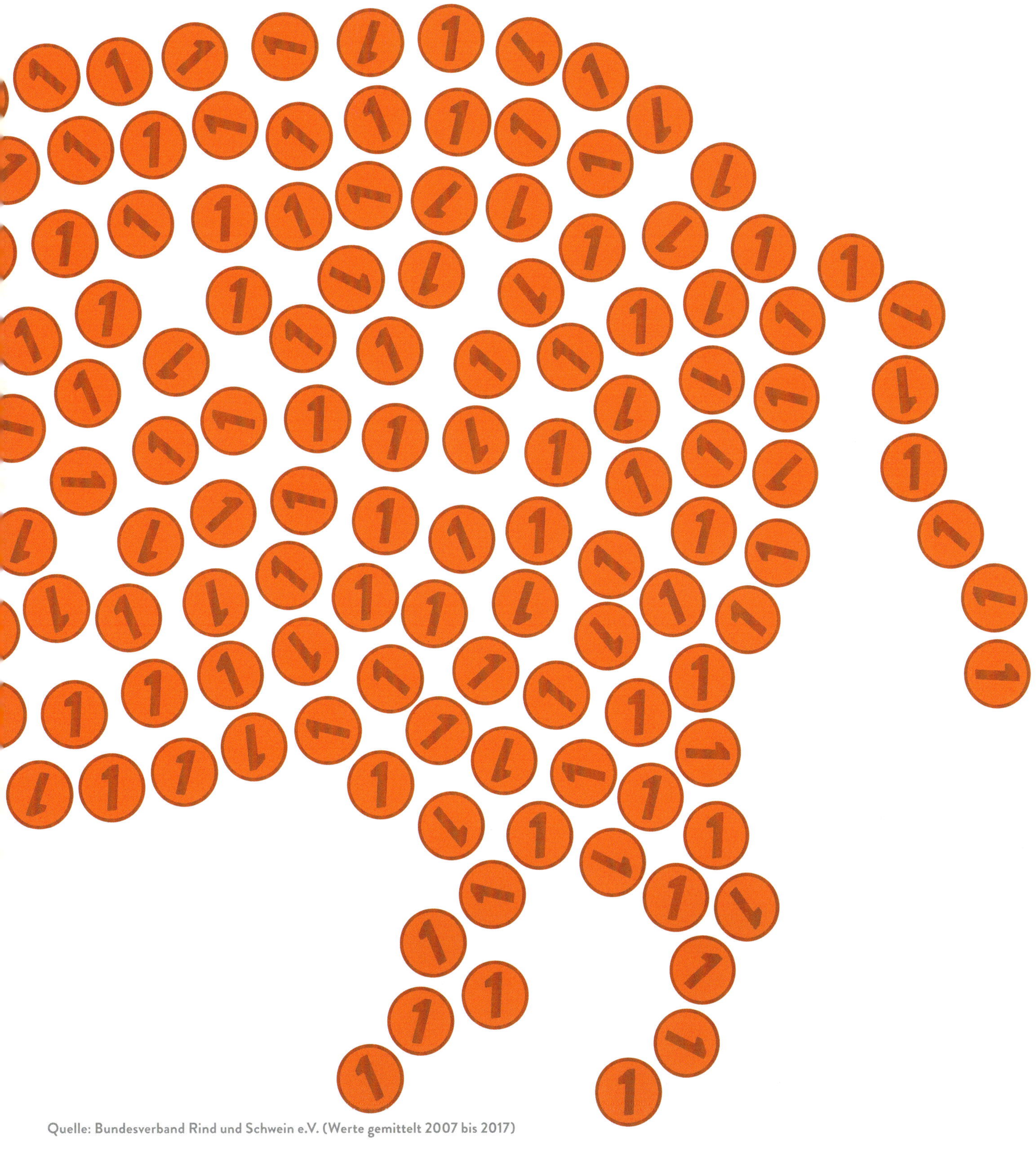

Quelle: Bundesverband Rind und Schwein e.V. (Werte gemittelt 2007 bis 2017)

SCHAFFEN WIR MENSCHEN DAS?

Die CO_2-Kurve steigt und steigt seit mehr als 300 Jahren. Gelingt es der Menschheit, innerhalb weniger Jahre wieder auf null zu kommen?

35

Milliarden Tonnen

30

Jährliche weltweite CO_2-Emissionen in Milliarden Tonnen

Tragt doch einfach mal ein, wie ihr glaubt, wie die Kurve weitergeht bis zum Jahr 2050! Und dann könnt ihr in den nächsten Jahren die tatsächlichen Werte raussuchen, ebenfalls eintragen und verfolgen, wie die Kurve weiter verläuft.

25

Die Zahl für 2020 ist noch eine Schätzzahl. Es ist der Corona-Pandemie zuzuschreiben, dass die Kurve erstmals einen großen Knick nach unten gemacht hat. Denn während der Pandemie sind die Menschen viel weniger geflogen und weniger Auto gefahren zum Beispiel. Niemand weiß, ob die Werte wieder nach oben schnellen, wenn die Pandemie vorbei ist. Aber das Ziel vieler Staaten ist klar: Sie wollen wieder runter auf den Nullwert der Kurve. Auf den Wert des Jahres 1800 also ungefähr.

20

15

10

5

0

1751 Jahre 1800 1850

Quellen: Global Carbon Project; Carbon Dioxide Information Analysis Centre (CDIAC) und eigene Recherchen (für 2018 bis 2020)

ÜBER DIE AUTOREN

OLE HÄNTZSCHEL

Der Grafik-Designer und Illustrator ist auf die Gestaltung von Infografiken spezialisiert. Sie erklären anschaulich komplizierte Sachverhalte.
Die Grafiken sind dabei nicht nur informativ, sondern jede für sich ein kleines Kunstwerk. Dafür hat er schon viele Preise gewonnen.

MATTHIAS STOLZ

Der Journalist arbeitet als Redakteur beim ZEITmagazin. Er hat dort die Rubrik Deutschlandkarte erfunden, in der in bisher mehr als 700 Folgen das Land von immer neuen Seiten zu sehen ist. Zusammen mit dem Zeichner Ole Häntzschel hat er mehrere Bücher veröffentlicht, die ausschließlich Grafiken und Schaubilder zeigen.

Burgschmietstraße 2–4, 90419 Nürnberg

Redaktionelle Begleitung: Sabine Schwertführer, Lorena Lehnert, Lisa Hebler
www.tessloff.com
ISBN: 978-3-7886-2242-8